Knaur
MensSana

Über die Autorin:

Heike Haiduk ist 1960 in Berlin geboren und arbeitet seit mehreren Jahren als Heilpraktikerin in Essen. Bei ihrer Arbeit legt sie großen Wert auf einen holistischen Ansatz und versucht, den ursächlichen Auslöser der Störung zu finden und ganzheitlich zu therapieren. Zu den Themen »Schüsslers Lebenssalze« und »Irisdiagnose« hält sie regelmäßig Kurse.

Heike Haiduk

Gesund durch Schüssler-Salze

Mit den zwölf Lebenssalzen
Seele, Geist und Körper
heilen

Knaur
MensSana

Originalausgabe März 2000
Droemersche Verlagsanstalt Th. Knaur Nachf., München
Dieser Titel ist bereits unter der Bandnummer 76213 erschienen

Redaktion: Evelyn Köhler
Illustrationen: Anja Jablonski
Satz: Barbara Rabus, Sonthofen
Druck und Bindung: Ebner Ulm
Printed in Germany
ISBN 3-426-87092-4

2 4 5 3

Inhalt

Einführung 9

Wer war Dr. Schüssler? 12

Der Begriff »Biochemie« und Dr. Schüsslers
Lebenssalze 13

Übersicht der zwölf Schüssler-Nährsalze 15

So wirken die Salze 17
Grenzen der biochemischen Heilmethode 19
Handelsformen 19
Unterschiedliche Aufnahmeweisen 20
Der Bedarf an Dr. Schüsslers Lebenssalzen steigt 22
Krankheitsstufen und ihre ganzheitliche Behandlung 23

Diagnosemöglichkeiten und ergänzende
Maßnahmen bei Mineralmangel 27
Wirkung eines Mineralmangels auf
seelisch-geistiger Ebene 27
Psychische Merkmale 28
Affirmationen 29
Meridianzuordnung 29
Antlitzdiagnose 30
Zungendiagnose 30
Mangelbegünstigende Faktoren 31
Homöopathische Vergleichsmittel 31

Die zwölf Schüssler-Salze 32
Nr. 1 Calcium fluoratum 32
Nr. 2 Calcium phosphoricum 39
Nr. 3 Ferrum phosphoricum 46
Nr. 4 Kalium chloratum 54
Nr. 5 Kalium phosphoricum 61
Nr. 6 Kalium sulfuricum 67
Nr. 7 Magnesium phosphoricum 74
Nr. 8 Natrium chloratum 81
Nr. 9 Natrium phosphoricum 88
Nr. 10 Natrium sulfuricum 94
Nr. 11 Silicea 102
Nr. 12 Calcium sulfuricum 109

Biochemische Salben nach Dr. Schüssler 115
Wirkung der Salben auf und durch die Haut . . . 115
Nr. 1 Calcium-fluoratum-Salbe 117
Nr. 2 Calcium-phosphoricum-Salbe 117
Nr. 3 Ferrum-phosphoricum-Salbe 118
Nr. 4 Kalium-chloratum-Salbe 118
Nr. 5 Kalium-phosphoricum-Salbe 119
Nr. 6 Kalium-sulfuricum-Salbe 120
Nr. 7 Magnesium-phosphoricum-Salbe 120
Nr. 8 Natrium-chloratum-Salbe 121
Nr. 9 Natrium-phosphoricum-Salbe 121
Nr. 10 Natrium-sulfuricum-Salbe 122
Nr. 11 Silicea-Salbe 122
Nr. 12 Calcium-sulfuricum-Salbe 122
Ausgewählte Anwendungsbereiche der Salben . . . 123

Einnahmearten, Dosierung und
ergänzende Hinweise 126
Dosierung 126
»Schrotschuß«-Methode 127
Täglicher Salzwechsel 128
Einschleichen 128
Einnahmezeiten 128
Erstreaktionen 130
Zur Gesunderhaltung 130
Bei Milchzuckerunverträglichkeit 131
Mineralien und andere Medikamente 131
Iso-Bikomplexmittel 132

Fälle aus der Praxis 133

Natürliches Vorkommen biochemischer Salze . . 141
Vorkommen in Nahrungsmitteln
und Heilpflanzen 141

Alphabetische Übersicht nach Symptomen
und Erkrankungen 156

Fragebogen zur Eigendiagnose 215
Die Auswertung der Fragebogen 228

Nachwort 229

Seminare 230

Bezugsquellen 231

Literaturhinweise 232

Einführung

Meine erste eigene Erfahrung mit Schüssler-Salzen habe ich gemacht, als ich kurz vor dem Abitur stand und von starker Prüfungsangst geplagt wurde. Ich war wegen verschiedener Besorgungen unterwegs, als mich wieder eine Panikattacke überfiel. Mir war klar, daß ich das Abitur so nie schaffen würde. Mein Blick fiel auf das Praxisschild einer Heilpraktikerin – spontan klingelte ich, wußte ich doch, daß diese Heilkundigen auch Geist und Seele in ihre Behandlung mit einbeziehen. Eine freundliche, ältere Frau öffnete und fragte: »Hast du denn einen Termin?« Ich antwortete: »Nein, aber ich mache in fünf Wochen Abitur und habe schreckliche Prüfungsangst.« Die Heilpraktikerin schmunzelte und ließ mich eintreten. Bei der Untersuchung betrachtete die Frau meine Füße, die Zunge und sehr aufmerksam das Gesicht. Dann stellte sie mir ein Rezept aus für *Magnesium phosphoricum* mit der Verordnung, 3mal täglich 2 Tabletten im Mund zergehen zu lassen. Das Abitur würde ich schaffen, ich sollte mir keine Gedanken machen.

Tief beeindruckt stellte ich später fest, daß die Heilpraktikerin recht behalten hatte, denn mein Abitur schaffte ich mit einer Ruhe und Gelassenheit, um die mich andere beneideten.

Dieses Erlebnis hatte ich schon fast vergessen, bis ich im Rahmen meiner eigenen Heilpraktikerausbildung begann, mich für die »Lebenssalze« zu interessieren – jene Nährsalze, die nach Dr. Schüssler lebensnotwendig sind. Inzwischen therapiere ich selbst als Heilpraktikerin seit einigen Jahren sehr erfolgreich mit dieser biochemischen Heilmethode – überzeugt von der Wirksamkeit und begeistert von der Einfachheit der Diagnostik zur Anwendung der Schüssler-Salze.

Dieses Buch nun, das sich aus den Vorbereitungen zu meinen Seminaren und auch durch das unterstützende Feedback der vielen Kursteilnehmer entwickelt hat, ist für Laien gedacht, die etwas für die Wiederherstellung und Erhaltung ihrer Gesundheit tun möchten. Es wendet sich aber auch an Heilkundige, die eine neue Methode erlernen oder ihre eigenen Behandlungsweisen weiter vertiefen möchten.

Das Ziel des Buches ist es, auf die Hintergründe einer Erkrankung und ihrer Symptome aufmerksam zu machen. Bei einer Erkrankung sind immer die Zusammenhänge der Dreiheit von Körper, Geist und Seele zu berücksichtigen.

Bitte beachten Sie aber stets: *Dieses Buch ersetzt nicht Diagnose und Therapie durch einen Heilkundigen (Heilpraktiker oder Arzt).* Bei allen Erkrankungen und Erscheinungen, die länger als drei Tage unverändert anhalten, ist unbedingt der Rat eines Heilkundigen einzuholen. Bei starken Schmerzen und erheblichen Symptomen (z. B. Herz-Kreislauf-Problemen) ist sofort ärztliche Hilfe hinzuzuziehen! Ich bin mir dessen bewußt, daß hier einige Denkansätze der ganzheitlichen Betrachtungsweise eingeflossen sind, die für viele Leser neu sein wer-

den. Besonders in den Abschnitten über die Bedeutung des Mangels auf der seelischen Ebene sind Erfahrungswerte aus meiner alltäglichen Praxis und aus anderen Bereichen, wie z. B. der Kinesiologie und der chinesischen Medizin, vernetzt worden. Diese Abschnitte dienen dem Hintergrundverständnis der Mangelerscheinungen. Die Hinweise auf seelische Hintergründe eines gravierenden Mineralmangels sollten jedoch nicht ausschließlich gesehen werden. Es gibt immer Ausnahmen und Grauzonen, jedoch ist eine gewisse Regelmäßigkeit zu erkennen. Jeder Leser, jede Leserin sollte die Angaben für sich selbst überprüfen. Zur Erleichterung der Eigendiagnose sind im Anhang Fragebögen und ein Auswertungsbogen zu finden, die dabei helfen sollen, nicht nur die wichtigsten Salze auszuwählen, sondern sie auch richtig zu dosieren.
Nähere Erläuterungen dazu sind im Anhang aufgeführt.
Die Arbeit mit Dr. Schüsslers »Lebenssalzen« sollte eine tragende Säule der Gesunderhaltung sein; sie entfaltet vom ganzheitlichen Aspekt her ihre Wirkung im grobstofflichen körperlich-physiologischen Bereich. Zur Unterstützung und zur Beschleunigung der Heilung können zusätzlich auf der seelischen Ebene feinstoffliche Therapien (Bach-Blüten, Edelsteine, Reiki, Handauflegen etc.) eingesetzt werden. Wechselwirkungen mit anderen Therapien sind weder aus der Erfahrung noch aus der Literatur bekannt.

Wer war Dr. Schüssler?

Dr. med. Wilhelm Heinrich Schüssler, der Begründer des biochemischen Heilverfahrens, wurde am 21. August 1821 in Zwischenahn im Oldenburgischen in bescheidenen Verhältnissen geboren. Schon der junge Schüssler interessierte sich sehr für die Heilkunde und zeigte auch eine starke Begabung für Sprachen. Zunächst wollte Schüssler homöopathischer Heilpraktiker werden, aber nachdem ihn sein Bruder auf die Schwierigkeiten dieses Berufsstandes hingewiesen hatte, begann er unter unsäglichen Mühen, die sich aus seiner Mittellosigkeit ergaben, sein Studium der Medizin in Berlin, Paris, Gießen und Prag. In Gießen promovierte er zum Dr. med., mußte allerdings, als er sich in Oldenburg, seiner Heimat, niederlassen wollte, noch eine zusätzliche Prüfung vor dem Kollegium ablegen. 1857 eröffnete er endlich eine Praxis als Arzt und Homöopath.

Der Begriff »Biochemie« und Dr. Schüsslers Lebenssalze

Dr. Schüssler fühlte sich immer zur Forschung hingezogen. 1873 veröffentlichte er mehrere kritische Arbeiten über die Homöopathie. Er warf in einem von ihm verfaßten Artikel in der »Homöopathischen Zeitung« die Frage auf, ob »sämtliche überhaupt heilbaren Krankheiten mit denjenigen anorganischen Substanzen zu heilen wären, die die natürlichen Funktionsmittel unseres Organismus bilden«.

Dr. Wilhelm Schüssler unternahm Versuche mit Leichenasche. Dabei stellte er fest, daß alle organischen Anteile des Körpers verbrennen. Die zurückbleibende anorganische Asche setzt sich letztendlich immer nur aus den zwölf »Lebenssalzen« zusammen. Im Verlauf seiner Versuche kam er zu der Überzeugung, daß durch das Fehlen eines oder mehrerer dieser anorganischen Nährsalze Hemmungen im Säftefluß zwischen Körpergewebe und -zellen auftreten, wodurch die Lebensvorgänge gestört und Krankheiten hervorgerufen werden. »Durch die Zuführung von Nährsalzen in verriebener Aufbereitung, die den Organellen in einem bestimmten Krankheitsfall nicht zur Verfügung stehen, werden die Störungen der Zelle (die als Störungen der Molekularbewegung aufgefaßt werden) beseitigt. Das biochemische Mittel bewirkt dann die Wiederherstellung des zum normalen Funktionsablauf notwendigen Ionengefälles. (Darunter

versteht man unterschiedliche Konzentrationen der Lebenssalze innerhalb und außerhalb der Zellen.)«
Dies ist zugleich die Definition des Ausdruckes »biochemische Heilmethode«, während die Wissenschaft unter »Biochemie« die Lehre der physiologischen chemischen Vorgänge im lebenden Organismus versteht.
Der Grundsatz der »biochemischen Heilmethode« lautet:

»Fehlendes wird mit Fehlendem aufgefüllt.«

Dr. Schüssler benutzte zur Krankenbehandlung die zwölf im Blut befindlichen Nährsalze in festgesetzten Verreibungen. Das Verfahren der Verreibung ist mit einer homöopathischen Aufbereitung vergleichbar. Die Salze wurden von ihm numeriert; sie sind in der folgenden Übersicht der Zahlenfolge nach mit ihren Wirkungsweisen aufgeführt.
Um Mißverständnissen vorzubeugen: Die Begriffe Lebenssalze, Nährsalze, Schüssler-Salze, biochemische Salze und dergleichen mehr meinen immer ein und dasselbe, nämlich die von Dr. Schüssler als für unsere Gesundheit unentbehrlich erachteten Mineralsalze.

Übersicht der zwölf Schüssler-Nährsalze

Salz-Nr.	*Bezeichnung*	*Potenz*	*Wirkung*
1	*Calcium fluoratum* (Flußspat)	D12	Wichtiges Mittel für das Binde- und Stützgewebe mit elastischen Fasern, Knochen und Zahnschmelz
2	*Calcium phosphoricum* (Kalziumphosphat)	D6	Biochemisches Aufbau- und Kräftigungsmittel, blut- und knochenbildend, eiweißbildend, »Frauen-, Kinder- und Nervenmittel«
3	*Ferrum phosphoricum* (Eisenphosphat)	D12	Erste-Hilfe-Mittel, Mittel der »1. Entzündungsphase«, Unterstützung bei fieberhaften Erkrankungen, gegen Eisenmangel
4	*Kalium chloratum (Kalium muriaticum)* (Kaliumchlorid)	D6	Mittel zum Aufbau der Schleimhäute, Mittel der »2. Entzündungsphase«, Ausscheidungs- und Drüsensalz
5	*Kalium phosphoricum* (Kaliumphosphat)	D6	»Notfallmittel« bei Erschöpfung und Schwäche, Nerven-, Hirn- und Herzmittel, blutdrucksteigernd

Salz-Nr.	*Bezeichnung*	*Potenz*	*Wirkung*
6	*Kalium sulfuricum* (Kaliumsulfat)	D6	Mittel der »3. Entzündungsphase«, Muskelsalz, Sauerstoffträger, Lebermittel
7	*Magnesium phosphoricum* (Magnesiumphosphat)	D6	Knochen-, Drüsen- und Krampfmittel
8	*Natrium chloratum (Natrium muriaticum)* (Kochsalz)	D6	Wichtiges Mittel zur Aufrechterhaltung des Säure-Basen-Gleichgewichts und des Wasserhaushalts, für alle Muskeln und Bänder, blutbildend
9	*Natrium phosphoricum* (Natriumphosphat)	D6	Neutralisationsmittel überschüssiger Säuren, gegen Mitesser und Steinbildung
10	*Natrium Sulfuricum* (Glaubersalz)	D6	Entgiftungsmittel, Anregung des Stoffwechsels und der Ausscheidung, Leber- und Gallemittel, Durchfallmittel
11	*Silicea* (Kieselsäure)	D12	Wirkt besonders auf das Bindegewebe, auf Haare und Nägel, Nervenmittel
12	*Calcium sulfuricum* (Gips)	D6	Wirkt gegen Eiterungsprozesse, fokales Rheuma und chronisches Zahnfleischbluten

So wirken die Salze

Alle diese Salze finden wir als wichtige anorganische Bestandteile in unserem Organismus, wo sie, je nach Bedarf der verschiedenen Gewebearten, sowohl zusammengeführt als auch wieder abtransportiert werden. Im Blut sind sämtliche anorganischen und organischen Nährstoffe für alle Körperzellen und Gewebe enthalten: Wasser, Zucker, Fett, Eiweißstoffe, Fluor-calcium, Kieselsäure, Eisen, Kalk, Magnesium, Natrium und Kalium. Letztere sind an Phosphorsäure, Kohlensäure, Schwefelsäure oder Chlor gebunden.

In den feinsten Blutgefäßen des Körpers, dem Kapillarsystem, befindet sich gewissermaßen eine Sammelstelle, von der jeder Teil des Körpers – ganz nach Bedarf – das erhält, was er zu seinem Aufbau und Unterhalt benötigt. Hierzu zählen nicht nur die biochemischen Salze, sondern unter anderem auch Vitamine, Spurenelemente und Hormone (Botenstoffe). Von hier beziehen die Zellen die Grundbausteine zur Eiweißsynthese und zum Zellaufbau. Daraus entsteht wieder Gewebe, also Muskeln, Sehnen, Knorpel, Knochen.

In den Muskeln finden wir Kalium, Magnesium und Ferrum (Eisen), im Bindegewebe Fluor und Silicea (Kieselsäure), im Knorpel und in den Knochen Fluor, Calcium und Magnesium. In den Nerven und im Gehirn befinden sich Natrium und Magnesium, Calcium und Kalium. Diese Mineralsalze und noch einige andere Spurenelemente dienen als Vermittler der biochemischen Lebensabläufe. Der Sauerstoff, den wir mit der Luft einatmen, ermöglicht die energiespendenden Verbrennungsvorgänge beim Zellstoffwechsel. Daraus gehen in der Hauptsache Wasser, Milchsäure, Harnsäure, Ammoniak, Harnstoff und Schwefelsäure als Abbauprodukte hervor. Treten Störungen im Konzentrationsgefälle der einzelnen biochemischen Salze ein, sei es durch zu geringe Zufuhr oder durch gestörten Abtransport der verbrauchten Stoffe, besteht eine erhöhte Anfälligkeit für Krankheiten.

Es gibt unterschiedliche Darreichungsformen der Salze für den Körper (siehe auch Handelsformen auf S. 19f.). Die über die Mundschleimhäute zugeführten potenzierten Mineralien werden auch bei gestörter Darmflora optimal aufgenommen. Durch die hohe Verdünnung sind die biochemischen Mineralien exakt so aufbereitet, daß sie direkt dem Blut zugeführt und an den Ort der geringsten Konzentration im Körper, wo entsprechend der höchste Bedarf besteht, transportiert werden. Über Reize im Körper wird nun der Organismus angeregt, aus der Nahrung die für ihn wichtigen Stoffe herauszuholen. Die Salze wirken hier als Katalysatoren, also als Stoffe, die Reaktionen auslösen, aber selbst unverändert daraus hervorgehen.

Grenzen der biochemischen Heilmethode

An dieser Stelle sei noch einmal ausdrücklich darauf hingewiesen, daß dieses Buch nicht den Arztbesuch bei ernsthaften Erkrankungen ersetzt.
Die Informationen des Buches dienen der Gesunderhaltung. Bei einem Unwohlsein, bei dem man sich weder richtig krank noch richtig gesund fühlt und keinen Arztbesuch für erforderlich hält, können die biochemischen Salze ausgezeichnete Helfer sein. Sie dienen der Steigerung der Lebensqualität und der Minderung der Störungen, denen man heute auch umweltbedingt ausgesetzt ist.

Handelsformen

Die biochemischen Mittel gibt es in unterschiedlichen Handelsformen.
Man erhält sie als Pastillen in einer Milchzuckerverreibung, als Pulver und als Dilution (Flüssigkeit), jeweils in unterschiedlich hohen Verdünnungsgraden.
Die biochemischen Mittel sind auch als Salben unterschiedlicher Hersteller erhältlich.
Wie in der »Übersicht der zwölf Schüssler-Nährsalze« (siehe Seite 15f.) ersichtlich wird, hat sich im Laufe der Zeit für jedes Salz eine bestimmte Verdünnung durchgesetzt. Schon Dr. Schüssler empfahl üblicherweise eine D6-Potenz; nur bei den Salzen *Calcium fluoratum*, *Ferrum phosphoricum* und *Silicea* ist eine D12-Verdünnung

vom Körper besser verwertbar. Das »D« steht für Dezimalpotenz und bezeichnet zusammen mit der Ziffer den Grad der Verdünnung. D6 beispielsweise bedeutet 1 g Mineralstoff auf 1 000 000 g (= 1000 kg) Milchzucker. D12 beschreibt ein Verhältnis von 1 g Mineralstoff auf 1 000 000 Tonnen Milchzucker.

Unterschiedliche Aufnahmeweisen

Worin besteht der Unterschied zwischen Mineralien – wie Calcium oder Magnesium – aus der Drogerie und biochemischen Salzen?
Stellen Sie sich vor, Sie möchten ein Haus bauen. Für dieses Haus benötigen Sie Steine. Da bei der Bestellung die Eigenschaften nicht weiter differenziert wurden, erhalten Sie Steinblöcke, wie sie für den Pyramidenbau benötigt worden wären. Um die Steine passend zu machen, müssen Sie zusätzliche Energie aufbringen, mit der Sie diese großen Blöcke in verwendbare Teile zerlegen. Fehlt Ihnen allerdings die Energie zum Zerteilen, bleiben die großen Blöcke zunächst unbearbeitet liegen, und Sie müssen sich bei der weiteren Arbeit immer um diese Blöcke herumbewegen.
Wird Ihnen hingegen die richtige Steingröße geliefert, kann die weitere Verarbeitung sofort begonnen werden. Sie brauchen keine zusätzliche Energie, und Ihr Haus ist schneller fertig.
Entsprechend diesem Bild ist nun auch der Unterschied zwischen den Mineralien, die in molekularer Form (z. B.

in der Drogerie oder in Reformhäusern) angeboten werden, und den biochemischen Salzen nach Dr. Schüssler zu verstehen.

Für die Verarbeitung der »großen« molekularen Mineralien ist zusätzliche Energie erforderlich, um sie für den Körper benutzbar zu machen. Sie werden erst über den Magen in den Darm geleitet und dort in den Blutkreislauf aufgenommen. Bei einer Störung der Darmflora kann das Mineral unter Umständen nicht resorbiert werden. Im günstigsten Fall wird es wieder ausgeschieden. Doch das nicht verarbeitete Material kann auch an Stellen abgelegt werden, an denen es den Körper zunächst nicht weiter belastet. »Beliebte« Orte sind schlecht durchblutete Gewebe wie etwa Gelenke oder Muskeln, die nicht so häufig beansprucht werden. Bei einem langfristigen Überangebot wird immer mehr abgelagert, und es kommt zur Verkalkung oder zur Einlagerung von Schlacken im Bindegewebe, die sich zum Beispiel als Muskelverhärtungen bemerkbar machen.

Das kann bei den biochemischen Mitteln nicht geschehen. Die Salze werden durch die Schleimhaut des Mundes zum Blut transportiert und von hier zu den Stellen im Körper gebracht, an denen ein Mangel besteht. Der Darm wird umgangen, wodurch auch bei einer gestörten Darmflora eine optimale Aufnahme gewährleistet ist. Es wird keine zusätzliche Körperenergie für die Umbauten (vom Molekül zur benutzbaren Größe) benötigt. Bei einem Überangebot eines bestimmten Minerals werden zunächst andere »Baustellen« versorgt. Ist dann immer noch etwas übrig, entsteht ein Depot, das bei Bedarf jederzeit »angezapft« werden kann, da es in besser durchbluteten Bereichen liegt. Diese Bereiche sind durch den Konzentrationssog leicht wieder abbaubar.

Der Bedarf an Dr. Schüsslers Lebenssalzen steigt

Die Erfahrung hat gezeigt, daß Leiden bzw. Krankheiten zu einem hohen Prozentsatz durch nicht ausgeschiedene Säuren verursacht werden. In der heutigen Ernährung spielen säurebildende Stoffe wie Kaffee, Tee, Fleisch, Süßigkeiten oder Alkohol eine wesentliche Rolle.
Gleichzeitig geht der Anteil der körperlichen Arbeit zurück. Vergleicht man die Lebensbedingungen unserer Großeltern mit denen der heutigen Generation, so fällt auf, daß noch zu Beginn des Jahrhunderts Gemüse und Früchte ausreichend Zeit hatten, natürlich zu reifen und zu wachsen – Zeit, um notwendige Minerale und Spurenelemente zu speichern. Unsere Großeltern hatten meist auch nicht die Möglichkeit, täglich ein bis zwei Kannen Bohnenkaffee oder schwarzen Tee zu trinken und täglich (heute zum Teil mehrmals) Fleisch und Wurst zu sich zu nehmen. Wenn über den arbeits- und bewegungsreichen Tag hinweg drei bis vier Mahlzeiten gegessen werden konnten, gehörte man schon zu den Glücklichen. Zu Beginn des Jahrhunderts war auch der Welthandel nicht so weit entwickelt, daß Zitrusfrüchte und jahreszeitlich untypische Obst- und Gemüsearten angeboten werden konnten. Der Mensch damals lebte erheblich mehr im

Einklang mit der Natur, als es heute der Fall ist. Viele unserer heutigen Zivilisationskrankheiten sind eine Folge dieser unnatürlichen Lebensgewohnheiten. Auslöser zahlreicher Leiden ist häufig ein Überschuß an Säure im Körper, den der Organismus nicht abbauen und ausscheiden kann. Nicht selten ist eine unzureichende Funktion der Nieren dafür verantwortlich. Ein Mangel an Salzen kann sich über Generationen hinweg verstärken, da innerhalb einer Familie zunächst Gewohnheiten (wie Zubereitungsweisen, Speisenwahl, Essenszeiten, Lebensmuster) weiter»vererbt« werden. Das Durchbrechen einer solchen Gewohnheit ist oft erst möglich, wenn ein Impuls eingebracht wird. Dieser Impuls kann durch ein eingeheiratetes Mitglied der Familie ausgelöst werden oder auch durch eine Krankheit, die andere Aspekte, etwa ein neues Ernährungsbewußtsein, in den Lebensrhythmus einschleust.

Krankheitsstufen und ihre ganzheitliche Behandlung

Eine Krankheit bricht aus, wenn der Körper sich nicht mehr anders zu helfen weiß. Häufig nimmt sie einen stufenartigen Verlauf, wenn sie falsch oder einseitig behandelt wird. Nehmen wir ein Beispiel:

1. Stufe: Ein Kind entwickelt infolge zu hoher Säurebildung eine Neurodermitis. Die allergieauslösenden Stoffe (Milch, Zucker, Weißmehl, Alkohol und anderes mehr)

werden während der Stillzeit über die Muttermilch aufgenommen und später über die Säuglingsnahrung zugeführt. Der Körper weist durch heftige Überreaktionen auf Mißstände hin, die ohne Erkrankung nicht erkannt worden wären. Leider ist Körper- und Organsprache kein Unterrichtsfach in der Schule – viele Erkrankungen würden durch die erhöhte Wahrnehmungsfähigkeit erst gar nicht entstehen.
Die Neurodermitis wird nun durch Weglassen möglicher Allergene und durch die Einnahme vieler Medikamente unterdrückt. Damit ist das »Ventil« des Körpers verstopft, denn meistens ist die wirkliche Ursache (einschließlich psychischer Faktoren) nicht behoben worden. In aller Regel werden die gleichen Muster wie vor der Erkrankung gelebt. Der Körper scheint zunächst ruhiggestellt zu sein – in Wirklichkeit ist er mit neuen Belastungen beschäftigt, bis die Ventile wieder aufspringen.

2. Stufe: Da die Haut als Säureventil verschlossen wurde, jedoch weiterhin säurebildende Stoffe den Körper belasten, beginnt nun die Stufe zwei. Die Reaktionen verstärken sich, oder es setzt ein Ausleitungsversuch über die Schleimhäute ein. Es entsteht Heuschnupfen oder ähnliches, beispielsweise eine Hausstauballergie, schlimmstenfalls entwickelt sich Asthma. So versucht der Körper, über die Schleimhäute seine überschüssigen Gifte loszuwerden. Der Patient hat deutlich mehr Absonderungen.
Wird auch dieser Hilferuf des Körpers nicht verstanden

und weder das eigentliche Problem erkannt noch die Ernährungsweise umgestellt, geht die Übersäuerung in die nächste Stufe über.

3. Stufe: Der Körper sucht nach weiteren Möglichkeiten, die im Organismus kreisende Säure zu entsorgen. Er beginnt in wenig durchbluteten Bereichen des Körpers Deponien zu schaffen – in den Gelenken. Die Säure wird dort in Form von Kristallen abgelagert, um sie zumindest aus der Blutbahn zu entfernen. Der Körper baut sozusagen als letzte Möglichkeit, um mit der starken Säurezufuhr zurechtzukommen, eine Giftmülldeponie, und Rheuma entwickelt sich. Wird die Organsprache immer noch nicht berücksichtigt, führt Rheuma zu einer Einsteifung oder Unbeweglichkeit der Gelenke.
Dies spiegelt die innere Haltung des Kranken. Er ist nicht nur körperlich, sondern meist auch geistig unbeweglich, denn der Körper folgt dem Geist. Aus einem Gedanken folgt die Handlung. Ebenso ist es mit Krankheiten: Erst gerät die Innenwelt aus dem Lot; ignoriert man diesen Zustand, folgt die körperliche Erkrankung als Ausdruck des fehlenden inneren Gleichgewichts.
Beispielsweise bei der Irisdiagnose bietet sich die Möglichkeit, diese Theorie zu verfolgen. Ist ein Patient stark übersäuert, funktioniert meistens die Niere nicht richtig. Wird die Niere in die Therapie nicht mit einbezogen, kann es zu keiner Gesundung kommen, da die Säuren nur durch den Körper geschickt, jedoch nicht ausgeleitet werden.
Als Fazit kann man in bezug auf die Mineralsalze sagen:

Um weitere Krankheitsstufen zu verhindern, ist von Anfang an eine ganzheitliche Behandlung in Betracht zu ziehen, die nicht nur aus der Einnahme von Mineralsalzen, die auf den ganzen Körper wirken, besteht, sondern die gegebenenfalls auch eine Umstellung der Ernährungsweise und der Lebensgewohnheiten erfordert.

Diagnosemöglichkeiten und ergänzende Maßnahmen bei Mineralmangel

Wirkung eines Mineralmangels auf seelisch-geistiger Ebene

Die Aufnahmebereitschaft des Körpers für Mineralsalze hängt mit den seelischen Kräften zusammen. Durch die innere Übung, gegenwärtige Lebenssituationen zu betrachten, mögliche Konsequenzen für die Zukunft zu bedenken und Erfahrungen der Vergangenheit als Gelerntes mit einfließen zu lassen, wird die Aufnahme der Salze (auch aus der Nahrung) erhöht.

Eine Krankheit zu bekommen bedeutet auch, eine Bereitschaft für diese Krankheit zu haben. Mit Bereitschaft sind hierbei Lebensmuster gemeint.

Unter Lebensmustern versteht man zum einen über Generationen hinweg weitergegebene Handlungsweisen, beispielsweise wie in einer Familie mit Problemen umgegangen wird, und zum anderen Lebensgewohnheiten, so z. B. das Eßverhalten.

Wurde bei den Eltern ein Problem ausgesprochen, so übernimmt das Kind dieser Eltern dieses Muster der Konfliktbewältigung und wird es auch in seinem Umfeld so leben. Wurden hingegen Konflikte um des lieben Friedens willen unterdrückt und die (Schein-)Harmonie um alles in der Welt aufrechterhalten, so kann auch das Kind

dieser Eltern Konflikte zunächst nicht durch eine Aussprache lösen. Es entstehen Krankheitsneigungen, die als vererbt bzw. familienbedingt bezeichnet werden. Nutzt ein Familienmitglied die Chance, ein Familienmuster aufzubrechen, beispielsweise durch Therapie oder Selbsterfahrung, wird diese »Erbfolge« unterbrochen.
Diese Muster belasten die Psyche an ganz spezifischen Stellen im Körper, die über bestimmte Organe zum Ausdruck kommen. So steht etwa die Lunge für den Bereich der Kommunikation, und die Niere wird der zwischenmenschlichen Beziehung – zwischen Eltern und Kind, zum Partner, zu den Geschwistern – zugeordnet. Viele Autoren (R. Dahlke, L. Hay, H. Tietze etc.) haben sich inzwischen zur Sprache der Organe geäußert.
Entsprechend kann dem Hauptmangel eines Salzes eine (übergeordnete) innere Haltung zugeordnet werden. So verbirgt sich zum Beispiel hinter dem Mangel an *Calcium fluoratum* auch ein Mangel an Beweglichkeit. Weitere Einzelheiten zu diesem Thema finden Sie in diesem Buch bei den Beschreibungen der verschiedenen Salze.

Psychische Merkmale

Durch einen Mangel an Mineralsalzen zeigen sich auch bestimmte psychische Zustände wie Reizbarkeit oder Verzagtheit. Bei der Beschreibung der einzelnen Salze finden Sie eine Liste der wichtigsten Merkmale. Die Einnahme des entsprechenden Salzes bewirkt einen Ausgleich auf der psychischen Ebene.

Affirmationen

Affirmationen sind kurze Sätze mit Kernaussagen, die man sich selbst täglich über mehrere Wochen hinweg ganz bewußt laut vorsagt oder aufschreibt, um auf diese Weise sein Unterbewußtsein maßgeblich zu beeinflussen. Die Wortwahl ist dabei sehr zu beachten. Formulieren Sie beispielsweise keine Verneinungen, da die Worte »nicht«, »kein« usw. vom Unterbewußtsein ignoriert werden. Dadurch kehrt sich die Formulierung ins Gegenteil um. Ein einfaches Beispiel: »Ich will (nicht) mehr rauchen« oder auch »Ich esse (keine) Schokolade«. Wählen Sie Sätze, die den Zustand beschreiben, den Sie ohne Wenn und Aber erreichen möchten, beispielsweise »Ich bin ganz ausgeglichen«.

Meridianzuordnung

Ein Meridian ist in der chinesischen Medizin eine Energieleitbahn (ähnlich einem Stromkabel), die bestimmten Organen zugeordnet ist. Ein Meridian kann überaktiv, in Fülle, sein – dann fließt zuviel Energie; oder er ist unterversorgt, in Leere – hierbei fließt zuwenig Energie. Durch Stimulation der Akupunkturpunkte, die auf den Meridianen liegen, wird ein Ausgleich an Energie erzeugt. Auch die Lebenssalze haben einen Einfluß auf die Meridiane und damit auf den Energiehaushalt eines Menschen.

Wenn auch die Schulmedizin die biochemischen Grundsätze nicht vertritt und sich die chinesische Philosophie nur langsam durchsetzt, so zeigt sich immer wieder, daß jedes Salz einen bestimmten Meridian aktiviert. Die Lebensenergie wird ausgeglichen, wenn das Meridiansystem durch die Unterstützung aller Zellsalze wieder ins Gleichgewicht kommt.

Antlitzdiagnose

Bestimmt haben Sie schon einmal das zarte Erröten bei einem Kompliment beobachtet. Dieses »Anlaufen« zum Beispiel ist ein diagnostischer Hinweis auf einen Magnesiummangel. Man kann bestimmte Zeichen und Färbungen des Gesichtes oder auch anderer Körperpartien bestimmten Salzen zuordnen. Das Erkennen, welche Farbe welchem Salz zugeordnet ist, nennt man Antlitzdiagnose. Es erfordert einen geübten Blick, um die Zeichen aller Salze richtig zu differenzieren. Im einzelnen sind sie im Kapitel des jeweiligen Salzes beschrieben.

Zungendiagnose

Bei der Bestimmung des Salzmangels ist auch die Zunge nicht zu vergessen. Wichtig sind hier die Farbe und die Position der Zungenbeläge, der Feuchtigkeitsgehalt und die Beschaffenheit der Zunge sowie auffällige Kerben und Risse. Bei der Beurteilung ist auch der Geschmack im Mund und der Mundgeruch zu berücksichtigen.

Mangelbegünstigende Faktoren

Es gibt unterschiedliche Faktoren, die einen bestimmten Mineralmangel begünstigen. Dazu gehören unter anderem die Lebensgewohnheiten, der Arbeitsplatz, die Ernährung oder Hobbys. In der Beschreibung zu den einzelnen Salzen finden Sie dazu eine kurze Auflistung. Sie haben die Möglichkeit, diese »zehrenden« Faktoren zu beeinflussen oder prophylaktisch das entsprechende Salz zuzuführen. Zur dauerhaften Gesunderhaltung ist ein Eliminieren der Faktoren erforderlich.

Homöopathische Vergleichsmittel

In diesem Abschnitt finden Sie jeweils eine Auflistung homöopathischer Mittel, die in ihrer Anwendung ähnlich wirken bzw. zur Typbeschreibung des Salzes passen. Die Auswahl homöopathischer Mittel ist sehr viel komplizierter als die Auswahl der biochemischen Mittel. Daher sollte vor einer ergänzenden Einnahme eine fachkundige homöopathische Beratung erfolgen.

Die zwölf Schüssler-Salze

Nr. 1 Calcium fluoratum

Calcium fluoratum ist in den Zellen der Oberhaut, im Zahnschmelz, in der Oberfläche der Knochen und in allen elastischen Fasern vorhanden. *Calcium fluoratum* ist bestrebt, alles wieder in Form zu bringen.
Organisch wird *Calcium fluoratum* in Gehirn, Augenlinsen, Nieren, Lunge, Herz, Knochenhüllen, Muskulatur, Bändern und Gefäßen benötigt.
Calcium fluoratum

- gibt den elastischen Fasern die Fähigkeit, sich zu dehnen und wieder zusammenzuziehen
- ist Bau- und Betriebsstoff der elastischen Fasern in den Ringmuskeln der Gefäße
- befindet sich in den Zellen der Oberhaut
- ist ein wichtiger Bestandteil des Zahnschmelzes und der Knochenhüllen
- erweicht verhärtete Drüsen

Wirkung auf der seelischen Ebene

Thema: Mache einen Schritt nach dem anderen, und trage die Verantwortung dafür.

Die Aufgabe des *Calcium fluoratum* ist die Erhaltung der Dehnbarkeit der Gewebe, um die Beweglichkeit zu gewährleisten, wobei hier die Beweglichkeit auf allen Ebenen gemeint ist. Bei Patienten mit starkem *Calcium-fluoratum*-Mangel trifft man oft auf eine Verhärtung im Gemüt, auf Verschlossenheit, Starre und Sturheit. Hier ist es die Aufgabe, an der inneren Beweglichkeit zu arbeiten, seinen Standpunkt zu überdenken und verschiedene Möglichkeiten zu erwägen. Die Angst, etwas Neues auszuprobieren, andere Schritte zu tun, zieht Existenzangst nach sich. Der Hinweis, etwas dringend verändern zu müssen, wird oft erst in der körperlichen Verhärtung deutlich. Die Verhärtungen setzen überall an. Verhärtungen im Denken lassen sich nicht nur an Sturheit erkennen, sondern auch an einer erhöhten Vergeßlichkeit und daran, daß man seine Gedanken nicht zu Ende bringt. Die Aufgabe lautet auch, einen Schritt nach dem anderen zu tun und nicht zwei Stufen auf einmal zu nehmen.

Wer es schafft, sich die Fähigkeit zur Verbindung der Dreiheit Vergangenheit, Gegenwart, Zukunft zu erhalten, sieht scharf bis ins hohe Alter. Das gute Sehvermögen bis ins hohe Alter bedeutet demnach, daß diese Person die Erfahrungen der Vergangenheit als Lernschritt verstanden hat und das Gelernte in der Gegenwart anwendet, um in der Zukunft nicht die gleichen Fehler zu machen wie in der Vergangenheit.

Bei einem Mangel an *Calcium fluoratum* geht es um die innere Entwicklung im Einklang mit der Seele. Patienten, denen dies nicht gelingt, können hartherzig wirken; es scheint, als ob sie sich einen Panzer aufgebaut haben, um sich vor (seelischen) Verletzungen zu schützen. Das betroffene Organ zeigt an, auf welche Problematik sich die Härte bezieht – die Nieren beispielsweise stehen im Zusammenhang mit Angst, die Halswirbelsäule hat mit dem Bedürfnis nach zusätzlichem Halt zu tun.

Psychische Merkmale

Bei einem starken Mangel an *Calcium fluoratum* kann die Neigung zu Anpassungsschwierigkeiten bestehen. Auch sind in dieser Personengruppe häufig Eigensinn und Verschlossenheit zu finden. Die Betroffenen wirken abwesend und leiden meist unter unbegründeten Ängsten.

Meridianzuordnung

Dem Salz *Calcium fluoratum* ist der Dreifacherwärmer (die Schilddrüse) zugeordnet.
Der Schilddrüse werden die Gemütszustände Leichtigkeit, Beschwingtheit, aber auch schwere Depression zugeordnet. Zustände von Melancholie, Trauer, Verzweiflung oder Hoffnungslosigkeit geben einen Hinweis auf mangelndes *Calcium fluoratum.*

Affirmationen

Ich gebe mich liebevoll dem Fluß der Veränderung hin.
Ich öffne sanft mein Herz.
Ich lebe in der Gegenwart und begrüße sie mit offenem Herzen.

Der Calcium-fluoratum-Typ

Ein Mensch dieses Typs neigt zu folgenden Erscheinungs- und Krankheitsbildern:

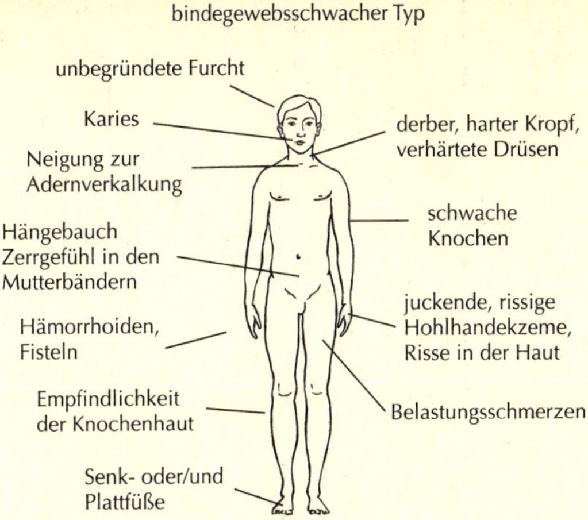

Haut: rissige Haut, Hautjucken, Hornhautbildung in den Handflächen, Aftereinrisse, Schuppenflechte, Neurodermitis, Hühneraugen, Karbunkel, Furunkel, Muttermale, Blutschwämmchen

Knochen und Gelenke: schwächliche Knochen mit Auftreibungen und Auswüchsen, Haltungsschäden infolge einer schwachen Wirbelsäule, Knochenhautentzündungen, Senkfußbeschwerden, Plattfüße, Schmerzen in den Gelenken nach Belastung, Gichtknoten an den Gelenken und rheumatische Beschwerden, Anschwellen der Gelenkkapseln, Bänder- und Bindegewebsschwäche

Atemtrakt: Nasenaffektionen aller Art, Nasenschleimhautentzündungen mit Krustenbildung, Schleimabsonderungen in den Rachen, Kitzelhusten, Raucherkatarrhe, Heiserkeit

Herz und Kreislauf: Herzerweiterung, vorzeitige Adernverkalkung, Krampfadern, Hämorrhoiden, Gewebsverhärtungen mit Lymphknotenschwellungen, Schwellungen an den Beinen nach Venenentzündungen

Harnwege: Blasenschwäche, Harndrang, Wanderniere

Nervliche Verfassung: Rückenschmerzen mit Beteiligung des Ischiasnervs, Nervenschmerzen, schlimmer in Ruhe, Sehstörungen, Funkensehen, Anpassungsschwierigkeiten an die Umwelt, unbegründete Furcht, nach Aktivitäten große Mattigkeit

Verdauung: Neigung zu Zahnverfall mit Zahnfleischentzündungen, warme und kalte Getränke verschlimmern die Zahnschmerzen, Speiseröhrenpolypen, Magenerweiterung, Blähungen, Verstopfung wechselt mit Durchfall, Divertikel

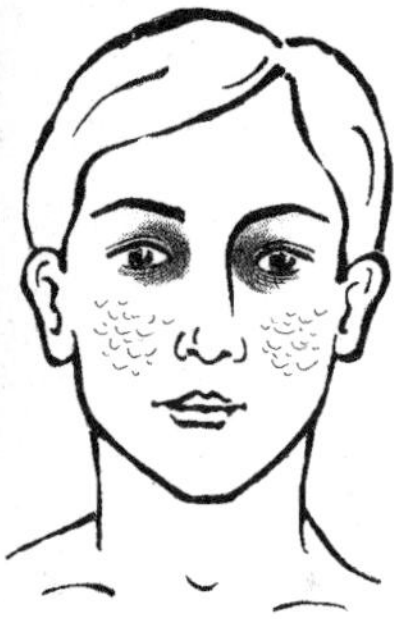

Antlitzdiagnose

Fehlt *Calcium fluoratum*, so finden sich Würfelfalten (Längs- und Querfalten) an den inneren Augenwinkeln. Die Färbung ist rötlich bis schwarz. Die Färbung deutet auf den Verlust des natürlichen Schutzes hin. Die Haut reagiert darauf mit stärkerer Durchblutung, die sich durch Rötung zeigt. Diese Würfelfalten können sogar schon beim Neugeborenen auftreten, da der Mangel an Salzen auch von der Mutter zum Kind weitergegeben werden kann. Oft kommt ein Mangel familiär gehäuft vor. Übermäßige Hornhautbildung – vor allem an den Handflächen, aber auch in Form von Hühneraugen – und einzelne Schuppen in der Gesichtspartie lassen sofort einen Mangel an *Calcium fluoratum* erkennen.

Zungendiagnose

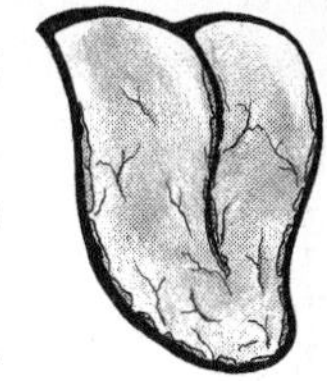

Betrachtet man die Zunge, so erscheint sie borkig und rissig. Sie wirkt verhornt. Bei Patienten höheren Alters ist sie bräunlich belegt und trocken.
Die Erscheinungen erstrecken sich über die ganze Zunge.

Absonderungen

Die Absonderungen der verschiedenen Körperöffnungen beim *Calcium-fluoratum*-Mangel sind ätzend und haben die Neigung, sich zusammenzuziehen.

Der Mangel an *Calcium fluoratum* beginnt langsam und schleichend. Zunächst läßt die Elastizität nach, später stellen sich Verhärtungen ein. Auf den Knochenoberflächen bilden sich unebene Auflagerungen, die unter Umständen auch als Erhöhungen fühlbar sind. Ausschwitzungen verhärten sofort, und es kommt zu Borken- und Schrundenbildung, besonders in den Handflächen. Blutgefäße erweitern sich, elastische Fasern und Bänder erschlaffen. Auswurf sieht aus wie kleine Kügelchen und erinnert an Hirsekörner. Sie haben einen kastanienartigen Geschmack.
Beschwerden, die durch Mangel an *Calcium fluoratum* entstehen, sind durch Reiben, warme Umschläge und Wärme zu lindern. Sie verschlimmern sich jedoch bei Kälte und feuchtem Wetter.
Calcium fluoratum sollte vorbeugend bei Kindern gegeben werden, um einen elastischen, festen Körperbau mit

schlanken Formen zu fördern. Die Einnahme muß über einen langen Zeitraum erfolgen, da *Calcium fluoratum* eine langsame Wirkung hat.

Anwendung

- nach Apoplex (Schlaganfall) und Herzinfarkt
- bei Austritt von Hornstoff aus der Haut, der sofort verhärtet. Borken, Schrunden und Risse in den Handflächen, Einrisse am After, Hühneraugen, Hornhaut und Schwielen, wenn das Treppensteigen schwerfällt
- Glasnägel, spröde Nägel und Haare, Längsreißen der Nägel
- Parodontose und Empfindlichkeit der Zähne gegen Süßes, Heißes oder Kaltes, zur Erhaltung des Zahnschmelzes, Karies
- Ohrgeräusche, Tinnitus
- vor Kälte starre Hände
- bei allen Erschlaffungen der Bänder und Fasern
- Bandscheibenschäden
- Haltungsschwäche, Rachitis
- Organsenkung, Krampfadern, Erweiterung der Blutgefäße, Hämorrhoiden, Hängebauch
- Leberzirrhose
- Nierenschrumpfung, Steinbildung
- Knochenauswüchse, Überbeine, Auswüchse der Sehnenscheiden, Krebsgeschwülste
- verhärtete Drüsen
- *Calcium fluoratum* sollte bei allen Menschen unter 4 und über 60 Jahren gegeben werden: im Wechsel mit Silicea (Kieselsäure) 4- bis 5mal 1 bis 2 Tabletten.

Mangelbegünstigende Faktoren

Falsche Ernährung (Fast food, Industriekost), Überarbeitung, nervliche Belastungen oder PC-Arbeit und der damit verbundene Elektrosmog begünstigen den Mangel an *Calcium fluoratum*.

Steht das Bett auf einer Wasserader oder ist man Hast und Unruhe ausgesetzt, kann auch das den Bedarf stark erhöhen. Natürlich spielt die Lebensweise eine Hauptrolle. Mißbrauch von Genußmitteln wie Schokolade oder Alkohol steigert ebenfalls den Bedarf an *Calcium fluoratum*.

Homöopathische Vergleichsmittel

Acidum hydrofluoricum, Arnica, Aurum metallicum, Pulsatilla

Nr. 2 Calcium phosphoricum

Calcium phosphoricum ist in allen Körperzellen vorhanden, vor allem in den Knochenzellen. Es spielt die Hauptrolle bei jeder Zellerneuerung im Körper, da es in Verbindung zu allen Eiweißen steht.

Ein Mangel an *Calcium phosphoricum* führt zu Störungen in den Erneuerungs- und Aufbauvorgängen. Fehlt dem Körper dieses Salz, besteht meist auch ein Mangel an *Natrium chloratum*, und es kann zu eiweißhaltigen Schleimabsonderungen kommen. Dieser Auswurf ist von flockigem Gefüge und mit dicker saurer Milch zu vergleichen.

Calcium phosphoricum

- ist zur Bildung von Knochenzellen unbedingt erforderlich, da *Calcium phosphoricum* der Hauptbestandteil der Knochen ist
- begünstigt den Teilungsvorgang der Zellen, vor allem beim Muskelaufbau
- ist ein blutbildendes Mittel und ermöglicht die Eisenanreicherung
- fungiert als Bindemittel für den Eiweißaufbau in den Zellen. Eiweißverbindungen im Körper werden damit produziert, wie z. B. weiße Blutkörperchen, Abwehrstoffe und Bestandteile der Muskelzellen

Wirkung auf der seelischen Ebene

Thema: Sei aufrichtig, nimm deine innere Aufgabe an, überlasse dich der inneren Führung.

Calcium phosphoricum ist sowohl für unsere härteste Körpersubstanz, die Knochen, als auch für unsere weichste Substanz, das Blut, ein wichtiger Baustoff. Über diese Funktionen hinaus ist *Calcium phosphoricum* auch zur Entspannung nötig. Zunächst scheint das ein Widerspruch zu sein, doch diese Polarität gehört zu unserem Leben.

Jeder Mensch hat seine Aufgabe auf der Erde, die er mit seinen besonderen Fähigkeiten und einzigartigen Talenten lösen kann. Jeder Mensch hat mit diesen Befähigungen im großen Ganzen oder dem Kosmos seinen festen Platz – etwa so wie eine Zelle im Körper. Zum Beispiel erledigt die Zelle der Niere nicht die Aufgaben des Herzens, da sie sehr spezifisch und exakt für ihren eigenen

Auftrag angelegt ist. Ebenso ist es bei den Menschen. Niemand sollte höher bewertet werden, nur weil er etwas anderes kann. Vielmehr sollte jeder seine volle Aufmerksamkeit auf das richten, was er als Gabe erhalten hat.

Bei Patienten mit chronischem *Calcium-phosphoricum*-Mangel findet sich häufig eine ausgeprägte Kopflastigkeit. Die Brücke zwischen Körper und Geist ist durch die anämische Veranlagung (Blutarmut) unterbrochen. Oft sollen diese Menschen ihren Mann bzw. ihre Frau stehen, können aber dieser Aufgabe kaum gerecht werden. Es plagen sie Angst und Sorgen, ob der eingeschlagene Weg auch der richtige ist. Entspannung wäre nötig, um für die psychischen Impulse genügend Energie zur Verwirklichung aufbringen zu können.

Wird die Aufgabe mit Gewalt umgesetzt, neigt der Mensch mit einem Mangel an *Calcium phosphoricum* zu Verkrampfungen – ähnlich einem Schützen, der zu lange seinen Bogen spannt und schließlich das Ziel verfehlt.

Calcium phosphoricum ist für den Aufbau von körpereigenem Eiweiß nötig und auch zur Blutbildung. Blut wird auch das »fließende Ich« genannt. Es bringt nicht nur Sauerstoff in jede Zelle, es bringt auch das Licht des Schöpfers an jeden Ort des Körpers.

Ein Mangel an *Calcium phosphoricum* ist häufig bei Personen festzustellen, die sich intensiv oder krampfhaft um die innere Führung bemühen – oder sie ablehnen. Es geht darum, die innere Führung, das »Dein Wille geschehe«, zuzulassen.

Psychische Merkmale

Die psychischen Mangelerscheinungen von *Calcium phosphoricum* sind neben fehlender Warmherzigkeit auch Aggressivität und leichte Verzagtheit. Der ausgeprägte *Calcium-phosphoricum*-Typ ist kontaktarm und nervlich leicht erregbar.

Meridianzuordnung

Das Salz *Calcium phosphoricum* ist in der chinesischen Medizin dem Gallenblasenmeridian zugeordnet. Es handelt sich hierbei um den Meridian der Verehrung. Die Gefühle Liebe, Wut und Jähzorn werden ihm zugeschrieben. Die Bezeichnung für den Temperamentstyp »Choleriker« ist eng mit der Galle (griech. *chol*) verknüpft, und im Volksmund »läuft einem die Galle über«. Bei Menschen mit einem starken Mangel an *Calcium phosphoricum* erstreckt sich die emotionale Bandbreite von Wut oder Zorn mit möglicherweise gewalttätigen Attacken bis hin zu Liebe, Verehrung und dem aktiven Zugehen auf Personen. Das Salz sorgt für den Ausgleich.

Affirmationen

Ich gehe liebevoll auf andere zu.
Ich gehe versöhnlich auf andere zu.

Der Calcium-phosphoricum-Typ

Ein Mensch dieses Typs neigt zu folgenden Erscheinungs- und Krankheitsbildern:

Atemtrakt: leicht erkältet, wetterempfindlich, beim Einatmen Wundheitsgefühl in der Brust, chronischer Hu-

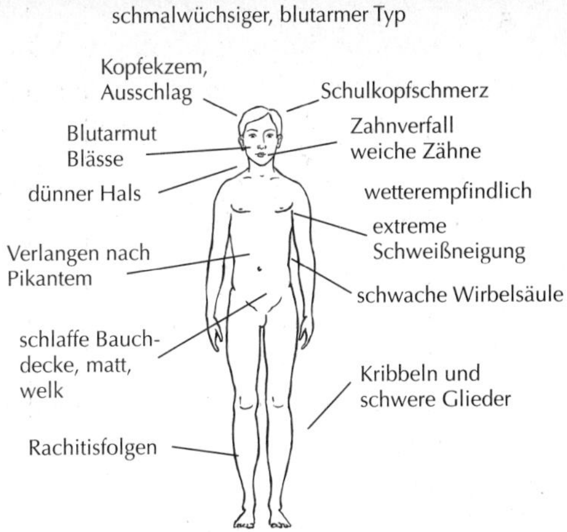

sten, morgendliche Hustenattacken, Heiserkeit, Neigung zu Lungenleiden mit Nachtschweiß

Harnwege: Neigung zu Nierenbeckenentzündungen, Nierengries und -steinen

Haut: Flechten, Schuppen, trockene Haut, Hautjucken alter Leute

Herz und Kreislauf: stechende Herzschmerzen, Herzrhythmusstörungen, Angst und Gliederzittern nach Herzrasen, Blutarmut, Hand- und Fußschweiß, Blässe, rasche Erschöpfung, Kribbeln und Taubheitsgefühl in Händen und Füßen

Knochen und Gelenke: insgesamt schmalwüchsig, schwache Wirbelsäule und Gelenke, schlechte Haltung, verzögerte Knochenbildung und Entwicklung, spröde, leicht brechende Knochen, Osteoporose, verzögerte Kallusbildung (Bildung neuen Knochens bei Brüchen), rheumatische Gelenkbeschwerden, die insbesondere bei Wetterwechsel und Erkältungen auftreten können

Nervliche Verfassung: nervöse Störungen im Alter, Nervenschwäche, Ameisenlaufen in den Händen und Füßen (nachts verstärkt), Neigung zu Krämpfen, Schulkopfschmerz nach Überanstrengung, Schwindel

Verdauungsorgane: Mandelbeschwerden, Heißhunger auf pikante Speisen mit Abneigung gegen Fleisch, Blähbauch, Kinder sind träge und schwach bei schlaffem, eingezogenem Bauch

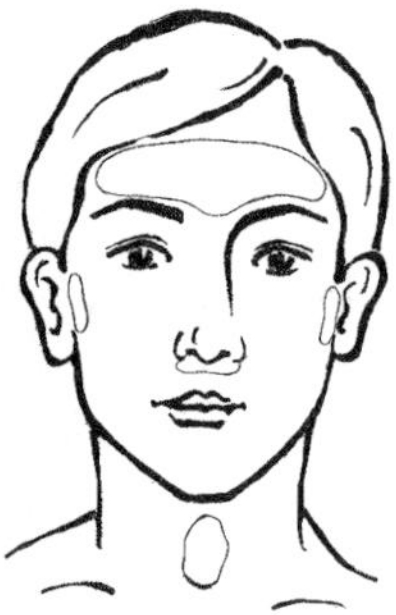

Antlitzdiagnose

Fehlt im Körper *Calcium phosphoricum,* so zeigt sich im Gesicht eine wachsfarbene Blässe, die an Wachsfiguren oder eine weiße Kerze in der Kirche erinnert. Um sie von der weißlichen Blässe bei *Kalium-chloratum-*Mangel zu unterscheiden, achtet man auf die jeweilige Lokalisation im Gesicht.

Die Farbflächen bilden sich vor allem an der Stirn, am Nasenansatz und an den Ohrenansätzen sowie in der Kehlkopfgegend. Daß die Blässe als erstes auf der Stirn auftaucht, läßt sich durch das Fehlen von roten Blutkörperchen und die Entfernung vom Herzen erklären. Wird der Mangel höher, zeigt sie sich auch an den Ohren, bei ausgeprägtem Mangel zeigt sie sich auch unter der Nase.

Zungendiagnose

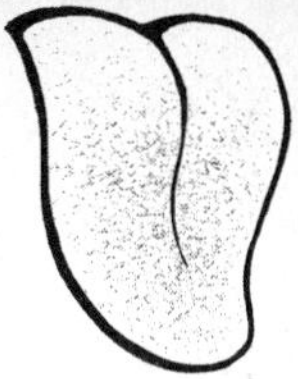

Die Zunge erscheint pelzig, durchscheinend, weißlich belegt. Der Geschmack ist schal oder süßlich.

Absonderungen

Die Absonderungen der Körperöffnungen, die durch *Calcium-phosphoricum*-Mangel hervorgerufen werden, zeigen sich gelblichweiß und krustig. Sie enthalten Eiweiß. So ist in diesem Fall oftmals Eiweiß im Harn zu finden.

Anwendung

Calcium phosphoricum

- macht ruhig und stark, ist daher nach jeder Krankheit zu geben, besonders in Verbindung mit *Magnesium phosphoricum*, dem Mittel der Rekonvaleszenz, evtl. auch im Wechsel mit *Calcium fluoratum*
- dient als Nährmittel für blasse, blutarme, rachitische und drüsenkranke Personen
- hilft bei Wachstumsstörungen, die durch Eiweißmangel entstanden sind
- dient als Herzkräftigungsmittel, zur Beruhigung des Herzens bei hohem Puls
- hilft bei allen Knochenerkrankungen, schlecht heilenden Knochenbrüchen, Störungen der Zahnbildung und Hormonbildung
- ist gut bei Muskelschmerzen der Rückenmuskulatur, Skoliose, Kopfschmerzen durch versteifte Nackenmuskulatur, Hexenschuß, Ischias

- hilft bei Krämpfen, Kribbeln, Taubheitsgefühl in den Gliedern
- lindert bei Nierenentzündungen

Mangelbegünstigende Faktoren

Calcium-phosphoricum-Mangel entsteht vor allem in der Schwangerschaft und Stillzeit, während Wachstumsschüben und bei starker nervlicher Beanspruchung.

Homöopathische Vergleichsmittel

Acidum phosphoricum, Avena sativa, China, Kalium carbonicum

Nr. 3 Ferrum phosphoricum

Ferrum phosphoricum ist das sogenannte Erste-Hilfe-Mittel. Eisen befindet sich im Blut, in allen Körperzellen, besonders in den Muskelzellen. Das in den roten Blutkörperchen befindliche eisenhaltige Hämoglobin nimmt beim Einatmen Sauerstoff aus der Luft auf, um ihn allen Geweben des Körpers zuzuführen.

Ferrum phosphoricum

- ist das Mittel der ersten Entzündungsphase und wirkt entzündungshemmend und fiebersenkend
- versetzt Blut in die Lage, Sauerstoff aufzunehmen und ihn an die Gewebe weiterzugeben
- ist ein wichtiger Sauerstoffträger, wirkt blutbildend und -erhaltend
- erhält die Spannkraft der Muskelfasern

Wirkung auf der seelischen Ebene

Thema: Richte deine Aufmerksamkeit auf alltägliche Situationen. Konzentriere dich auf das, was jetzt gerade geschieht.

Patienten mit hohem Mangel an *Ferrum phosphoricum* neigen zur Selbstentzündung. Es sind hitzige Gemüter, die jedoch diese Hitze nicht nach außen dringen lassen, damit sie niemandem weh tun. Die Hitze richtet sich also gegen den eigenen Organismus. Das Blut kocht und es gibt kein Ventil. Werden akute Probleme nicht bearbeitet, ist der Mensch anfällig für Krankheiten. Was nicht ausgesprochen wird, entzündet sich – im Volksmund hat man einen »dicken Hals« (Mandelentzündung, Halsentzündung). Das gilt insbesondere im Alltagsgeschehen.
Man »ent-rüstet« sich über eine Nachricht, beispielsweise aus den Medien, und schwächt dadurch das eigene Immunsystem. Ungehindert werden Einflüsse von außen aufgenommen. Oft bemerken wir zu spät, daß wir uns dadurch schwächen.

Hier steht die Aufgabe an, einen wirksamen Filter für diese Einflüsse zu schaffen. Eisen (Ferrum) steht auch für Schutz – Schutz vor Giften und Attacken des Alltags. Der Schutz wird nie komplett sein, da sonst keinerlei Einflüsse oder Impulse mehr zu uns vordringen würden. Doch diese Durchlässigkeit macht uns zugleich auch verwundbar. Ein bestimmter Eindruck mogelt sich unbemerkt durch unseren Filter und zieht plötzlich unsere ganze Aufmerksamkeit auf sich. Der Einfluß solcher Gedanken kann Viren und Bakterien die Möglichkeit zum Angriff geben.

Die Chance einer Krankheit liegt in der Erkenntnis über das Krankheitsgeschehen. Doch statt für Abschirmung und Ruhe zu sorgen, lassen wir Fernseh-, Radio- und Videogeräte laufen. Wir nehmen uns damit die Möglichkeit zur Besinnung. Der Schmerz bietet eine ähnliche Chance. Er will uns dazu bringen, uns auf unser Inneres zu konzentrieren. Die Ursache für solche »Ferrumschmerzen« ist innerhalb der vergangenen Woche zu suchen. Es handelt sich also um ein sehr aktuelles Geschehen.

Ferrum dient auch der erhöhten Aufnahme von Sauerstoff und damit verbunden einer verbesserten Atmung. Die Atmung ist der wichtigste Bestandteil unseres Seins. Wir kommen zwar drei Monate ohne Essen aus und drei Wochen ohne Trinken, jedoch nur drei Minuten ohne Atmung. Spätestens dann setzen nicht reversible Störungen im Gehirn ein. Prinzipiell sollte man auf eine tiefe regelmäßige Atmung achten – dann verbessert sich auch die Lebenskraft.

Psychische Merkmale

Personen mit einem Mangel an *Ferrum phosphoricum* zeigen häufig Konzentrationsmängel, geringe Widerstandskraft und Ängstlichkeit. Oft fehlt es ihnen an Standhaftigkeit und Durchsetzungskraft.

Meridianzuordnung

Das Lebenssalz *Ferrum phosphoricum* ist dem Nierenmeridian zugeordnet. Dieser Meridian steht in der chinesischen Medizin für die sexuelle Entschlossenheit. Ein

Mangel in der Energie des Nierenmeridians bedeutet sexuelle Unschlüssigkeit. Menschen, die vorübergehend einen Nierenenergiemangel haben, neigen dazu, mit einer Person ins Bett zu gehen, die sie nicht besonders anziehend finden, die sie aber auch nicht abstößt. Sie sind sich über ihre sexuellen Bedürfnisse und Wünsche nicht im klaren. Sie überlegen: »Soll ich? Will ich das wirklich?«
Häufig ist dieser Mangel bei Ehepartnern ausgeprägt, die nur »wegen der guten Erziehung« keine außerehelichen Partner haben. Tatsächlich wünschen sie sich eine Geliebte oder einen Geliebten. Der eigene Partner ist nur ein Ersatz. Die Einnahme von *Ferrum phosphoricum* trägt zu einer klareren Haltung bei. Durch den Entschluß, zu einer Tatsache zu stehen, gleicht sich die Nierenenergie wieder aus.

Affirmationen

Ich bin mir über mein sexuelles Bedürfnis im klaren.
Meine sexuellen Kräfte sind im Gleichgewicht.

Der Ferrum-phosphoricum-Typ

Ein Mensch dieses Typs neigt zu folgenden Erscheinungs- und Krankheitsbildern:

Haut: Neigung zu Wundrosen, Herpes-Bläschen, Scharlach, Masern, übermäßiges Schwitzen

Knochen und Gelenke: entzündliche Hüftgelenksschmerzen, geschwollene Fingergelenke, wandernde Schmerzen von einem Gelenk zum anderen, Hexenschuß, Ischialgie, vor allem rechtsseitige Schmerzen

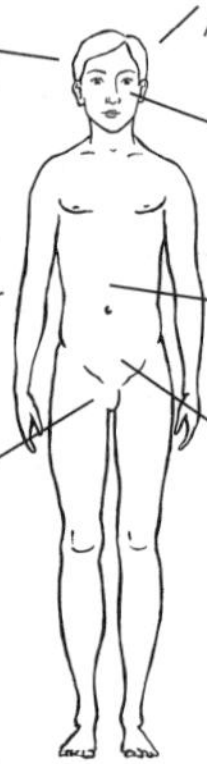

Nervliche Belastung: Schlafstörungen, Konzentrationsmangel, Sonnenallergie, allgemeine Schwäche, Migräne nach geistiger Anstrengung, klopfende, stechende Kopfschmerzen

Herz und Kreislauf: Herzklopfen nach körperlicher Belastung, Blutandrang in bestimmten Körperbereichen, Durchblutungsstörungen, Adern scheinen bläulich durch die Haut, Hitzewallungen während der Wechseljahre, Venenentzündungen

Atemtrakt: akute Bronchitis, Kitzelhusten, schlimmer nach dem Essen und in frischer Luft, Neigung zur Lungenentzündung

Harnwege: Blasenentzündung, nächtliches Bettnässen, Reizblase, Nierenbeckenentzündung

Verdauungsorgane: Abneigung gegen Fleisch und Milchprodukte, Appetitlosigkeit, Magenschmerzen nach dem Essen, Erbrechen, Magensäuremangel, Neigung zu chronischem Durchfall, Mandelentzündungen, geschwollene Zunge

Antlitzdiagnose

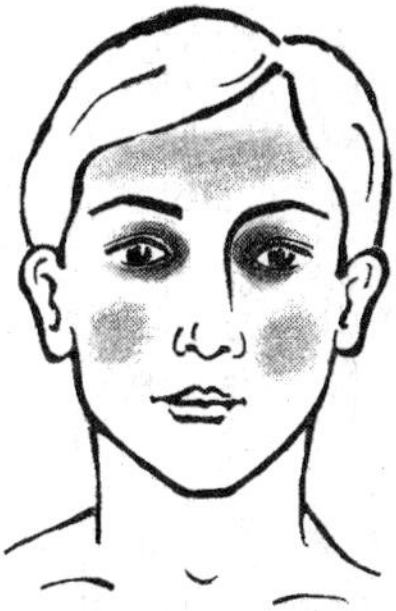

Bei Patienten mit einem Mangel an *Ferrum phosphoricum* zeigt sich zunächst ein dunkler Schatten an den inneren Augenwinkeln. Dieser Schatten ist bereits bei großer Anstrengung und kurz vor Ausbruch einer fieberhaften Erkrankung erkennbar und hat eine bläulichschwarze Färbung: Das Blut ist sauerstoffarm und deshalb dunkel, und da die Haut an den Augenwinkeln besonders dünn ist, zeigt sich dort die dunkle Verfärbung am ehesten.
Wenn Fieber auftritt, erscheint die sogenannte Ferrumröte, vor allem auf den Wangen. Bei Kindern glüht das ganze Gesicht und die Ohrenränder. Diese hitzige Röte unterscheidet sich deutlich von der des Magnesiummangels.
Die typische Ferrumröte ist ein Zeichen des ersten Entzündungsstadiums. Beim Vorgang einer Entzündung ist das Immunsystem bestrebt, die entsprechenden Stellen besser zu durchbluten. Bei Fieber wird durch die stärkere Durchblutung der Haut der Organismus abgekühlt.

Zungendiagnose

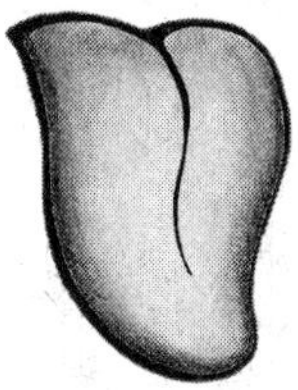

An der Zunge zeigt sich der Mangel an *Ferrum phosphoricum* durch eine deutlich rote Zunge, besonders an den Rändern. Im Akutfall erscheint die Zunge trocken und hinten weiß belegt. Eventuell ist die ganze Zunge sehr rot (ähnlich rohem Rindfleisch). Der Geschmack erinnert an faule Eier.

Absonderungen

Absonderungen bei *Ferrum-phosphoricum*-Mangel treten durch Blutungen auf. Dazu zählen auch starke Regelblutungen.

Fehlt im Körper *Ferrum phosphoricum*, kommt es zu einer Erschlaffung der Muskeln und der Blutgefäße; die Folgen sind eine Überfüllung der Gefäße und eine Entzündung des Gewebes, da Schlackstoffe nicht mehr abtransportiert werden können.
Stuhlträgheit wie auch unverdaute Speisereste im Stuhl signalisieren einen *Ferrum-phosphoricum*-Mangel, und Wechselbäder zwischen Schwitzen und Frieren sind ebenfalls darauf zurückzuführen.
Schmerzzustände, die *Ferrum phosphoricum* erfordern, verschlimmern sich durch Wärme und Bewegung, werden jedoch bei Kälte gelindert.
Durch die rechtzeitige Gabe von *Ferrum phosphoricum* kann eine beginnende Entzündung sofort zurückgehen.

Anwendung

- bei allen plötzlich auftretenden, akuten Krankheitszuständen
- bei frischen Wunden, Schnittwunden, Quetschungen, Verstauchungen und örtlichen Entzündungen

- bei allen beginnenden Erkältungen, bei Fieber bis etwa 39 °C (alle 5 bis 10 Minuten eine Gabe, bis das Fieber sinkt). Steigt das Fieber weiter, sollte *Kalium phosphoricum* im Wechsel mit *Ferrum phosphoricum* gegeben werden (2 bis 3 Tabletten alle 5 Minuten). Näheres dazu im Kapitel Dosierungen, Seite 126f.
- bei Muskelkater, Muskelermüdung, körperlicher Erschöpfung, großer Anstrengung
- bei Bettruhe
- bei klopfenden und stechenden Schmerzen, bei allen Symptomen pulsierender Art, auch wenn sie nicht schmerzhaft sind (bei Ohrpuls, Pulsgefühl im Hals, in Zähnen oder Gliedmaßen)
- bei Gelenkentzündungen, rheumatischen Beschwerden, akuten Erkrankungen wie Gastritis, Blasenentzündung, Erbrechen, Durchfall
- bei Sonnenbrand als Salbe, bei Sonnenunverträglichkeit
- bei Anämie
- in der Schwangerschaft

Mangelbegünstigende Faktoren

Eine Anfälligkeit für Krankheiten, die durch *Ferrum-phosphoricum*-Mangel verursacht werden, begünstigt auch der häufige Genuß von Kaffee, Kakaoprodukten und schwarzem Tee.

Homöopathische Vergleichsmittel

Aconitum, Belladonna, Arnica, Gelsemium

Nr. 4 Kalium chloratum (Kalium muriaticum)

Kalium chloratum ist ein Bestandteil fast aller Körperzellen und steht in Beziehung zum Blutfaserstoff Fibrin, der bei der Blutgerinnung eine Rolle spielt. *Kalium chloratum* ist das Mittel der zweiten Entzündungsphase, der Ausscheidungsphase, und gilt als wichtiges Entgiftungsmittel. Zur Beseitigung von Krankheitsherden werden Antikörper benötigt; sie gehören der körpereigenen Immunabwehr an und bestehen aus einer Verbindung von *Calcium phosphoricum* mit anderen Atomen wie beispielsweise Wasserstoff. Antikörper sind Schutzstoffe, die sich im Körper mit schädlichen Antigenen verbinden und solche Giftstoffe neutralisieren. Durch die »Vermählung« wird das Giftmolekül in einen unschädlichen Stoff verwandelt. Der mit Hilfe von *Kalium chloratum* gebildete Blutfaserstoff Fibrin hat dann die Aufgabe, die groben Schlacken der Gifte zu umhüllen und auszuscheiden. Durch die höhere Schlackenbelastung wird das Blut dicker, und Fibrin wird als Trägerstoff zur »Mülldeponie«. Es bilden sich Lipome (Fettansammlungen) und dadurch Geschwülste. *Kalium chloratum* macht Giftstoffe im Blut durch Hydrolyse (Lösung im Wasser) unschädlich. Folglich können die Nieren und der Darm die Gifte besser ausscheiden. *Kalium chloratum* fördert zudem, ebenso wie *Calcium phosphoricum* die Neubildung der Muskelzellen.

Wirkung auf der seelischen Ebene

Thema: Prüfe, welche Störungen in der Umwelt durch dich verursacht werden.

Patienten mit hohem Mangel an *Kalium chloratum* haben sich vermeintliche Schutzmechanismen aufgebaut, die jedoch nicht als solche funktionieren. Sie behindern den Lebensfluß – das Leben schleppt sich zäh dahin. So stehen Aussagen wie »Ich habe die Nase voll«, »Das will ich nicht hören« oder »Es raubt mir den Atem« bei einem Mangel an *Kalium chloratum* im Vordergrund. Der Grund für solche Gefühle wird in der Außenwelt gesucht. Entweder sind die Eltern, die Lehrer, die Kollegen, die Vorgesetzten daran schuld oder – finden sich keine Personen – es werden der Durchzug, der Wetterwechsel, die Möbel für die persönlichen Unannehmlichkeiten verantwortlich gemacht. Die Lösung der Schwierigkeiten wird in äußeren Umständen gesucht, da ja auch die Ursache dafür dort gesehen wird. Es wird erwartet, daß sich die Umwelt ändert, damit die eigene Nase frei wird. Doch dieser Ansatz führt zu keiner Situationsverbesserung. Die Aufgabe besteht vielmehr im Loslassen alter Gedankenmuster – und nicht darin, andere für den Verlauf der Vergangenheit verantwortlich zu machen.

Es erscheint häufig einfacher, Änderungen von den Mitmenschen zu erwarten, als sich selbst zu verändern.

Personen mit einem Mangel an *Kalium chloratum* sind gute Berater. Sie sehen oder spüren genau, was den anderen fehlt, nur bei sich selbst schauen sie nicht hin.

Gerät man bei *Kalium-chloratum*-Mangel zu sehr unter Druck, kann Durchfall entstehen. Es wird alles losgelassen – allerdings in einer aufzehrenden Art, was durch den Wasserverlust deutlich wird. Damit jedoch die Problematik nicht »verloren«geht, schwillt oft eine Drüse an: Das Organ ist aufgeblasen, hält fest. Ein Anschwellen der Schilddrüse steht zum Beispiel für Mißtrauen bzw. ein Festhalten am Mißtrauen. Man kann davon ausgehen, daß das Organ des Körpers, das auf den *Kalium-chloratum*-Mangel reagiert, entsprechend der Organsprache einen Hinweis auf die zugrundeliegende Problematik gibt (z. B. Henry Tietze, »Entschlüsselte Organsprache«).

Psychische Merkmale

Die psychischen Merkmale bei *Kalium-chloratum*-Mangel lassen sich am besten mit Hypochondrie (»Der eingebildete Kranke«) bezeichnen. Betroffene Personen neigen darüber hinaus zu Gleichgültigkeit und Trägheit.

Meridianzuordnung

Das Salz *Kalium chloratum* gleicht den Milz-Pankreas-Meridian aus. Dieser Meridian steht für Angst vor der Zukunft bzw. – positiv ausgedrückt – Vertrauen in sie. Es geht um Fragen wie: »Wovon zahle ich die nächste Miete« oder »Bin ich im Alter ausreichend versorgt?«. Die Alltagssorgen scheinen den Milz-Pankreas-Meridian zu beeinflussen. Ein sicherer Hinweis auf eine Schwächung dieses Meridians ist eine Neigung zur Unterzuckerung, mit den Symptomen: plötzlicher Heißhunger, Unkonzentriertheit, Schweißausbrüche, Zittern und Schwäche. Geht das soziale Sicherheitsnetz, das sich aus einem funktionierenden Familiengefüge ergibt, kaputt, wirkt sich das direkt auf die Energie des Milz-Pankreas-Meridians aus.

Affirmationen

Ich vertraue auf die Zukunft.
Ich vertraue auf sichere Führung.
Ich fühle mich sicher.
Meine positive Zukunft ist sicher.

Der Kalium-chloratum-Typ

Ein Mensch dieses Typs neigt zu folgenden Erscheinungs- und Krankheitsbildern:

Atemwege: Überempfindlichkeit aller Schleimhäute, Neigung zu Erkältungen, Stockschnupfen, Husten mit Rasselgeräuschen, Rippenfellentzündungen, Schleimansammlungen im oberen Atembereich, Hals- und

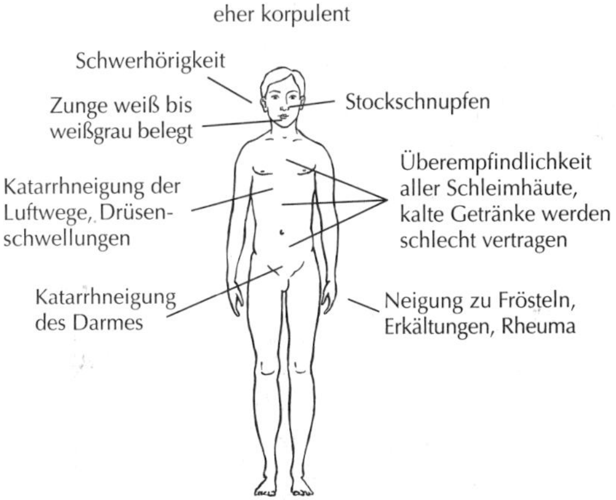

Mandelbeschwerden mit starken Schluckbeschwerden, asthmatische Beschwerden, die sich durch Abhusten bessern

Augen: Lidrandentzündungen, morgens verklebt, Knötchen an den Lidrändern, Binde- und Hornhautentzündungen

Harnwege: Neigung zu chronischen Nieren- und Blasenentzündungen

Haut: chronische, nässende Ekzeme, Bläschenausschläge wie Masern und Windpocken, oder bei Verbrennungen und Verbrühungen im zweiten Entzündungsstadium

Herz und Kreislauf: Lymphknotenschwellungen am Hals, unter den Achseln und in der Leistengegend

Knochen und Gelenke: rheumatische Veranlagung, Sehnenscheidenentzündungen, Schleimbeutelentzündungen im Knie

Nervliche Verfassung: frostig, schlaff, verträgt keine kalten Getränke, Kopfschmerzen, beginnend im Nacken und sich verschlimmernd in Bewegung, Halswirbelsäulen-Syndrom, Neigung zu anfallsartigen Krämpfen

Ohren: Schwerhörigkeit durch Zuschwellen der Eustachischen Röhre (Ohrtrompete)

Verdauungsorgane: dicke und weißgrau belegte Zunge, rissige Lippen oder Mundwinkel, Heißhunger (der sich durch das Trinken von Wasser bessert), Übelkeit und Brechreiz nach Fettgenuß, Neigung zu Magen- und Darmkatarrhen, Hämorrhoiden

Antlitzdiagnose

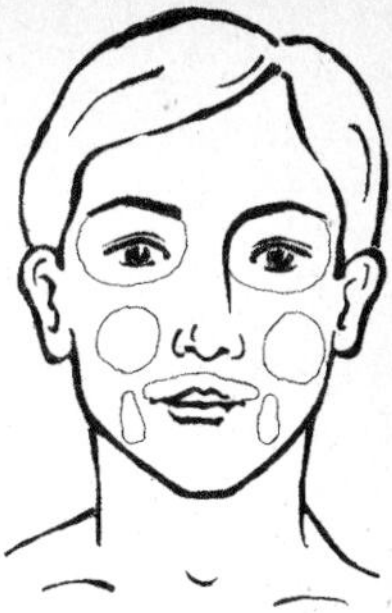

Patienten mit ausgeprägtem *Kalium-chloratum*-Mangel haben milchfarbene Haut. Sie erscheint bläulichweiß (abgestorbene Gliedmaßen) oder rötlichweiß. Diese Tönung beginnt zunächst unter den Augenlidern, dann um den Mund, ist aber auch später an den Armen zu finden. Patienten klagen häufig über geschwollene Drüsen. Der Unterschied zur weißen Färbung bei *Calcium-phosphoricum*-Mangel besteht in der Position im Gesicht und in der leichten Wachsfarbe bei *Calcium-phosphoricum*-Mangel.

Zungendiagnose

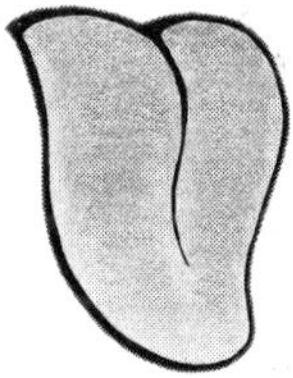

Der Belag der Zunge bei *Kalium-chloratum*-Mangel erscheint milchigweiß bis weißgrau und ist vor allem an der Zungenwurzel zu finden. Der Belag ist nicht schleimig. Der Patient hat oft einen trockenen Mund, und es erscheint ihm, als würde er zuwenig Speichel produzieren.

Absonderungen

Die meist flüssigen Absonderungen der Körperöffnungen bei einem Mangel an *Kalium chloratum* erscheinen milchigweiß. Schnupfen im Übergang vom Fließschnupfen zum weißlichen Nasenausfluß zeigt beispielsweise die klassische Farbe dieser Absonderung.

Anwendung

- in der zweiten Entzündungsphase, drei bis vier Tage nach dem Auftreten der ersten Symptome. Bei akuten entzündlichen Prozessen: Mandel-, Lungen-, Rippenfell-, Mittelohr-, Augen-, Gelenk-, Drüsen-, Sehnenscheidenentzündung, Masern, Keuchhusten, Scharlach, Schnupfen, Heiserkeit, Schwellungen der Gelenke und schwer lösenden schleimigen Absonderungen
- zur Reinigung des Blutes, auch bei dickem schwarzen Blut
- bei akuten und chronischen Vergiftungen (bei metallischen Vergiftungen *Natrium chloratum*)
- zur Ausleitung von Narkosegiften nach einer Vollnarkose
- bei Verdauungs- und Darmbeschwerden, wenn gewürzte und fette Kost nicht mehr vertragen wird. Dazu sind zusätzlich auch die Salze *Natrium phosphoricum* und *Natrium sulfuricum* einzunehmen
- als Entgiftungsmittel unterstützt es die Ausscheidungsfähigkeit der Drüsen

Mangelbegünstigende Faktoren

Der regelmäßige Genuß von Milchprodukten und Alkohol zehrt *Kalium chloratum* auf. Zu den »stillen Verbrauchern« zählt unter anderem der Elektrosmog, der durch die zunehmende elektromagnetische Strahlung in der Umwelt verursacht wird.

Homöopathische Vergleichsmittel

Carbo vegetabilis, Bryonia, Sulfur, Hydrastis

Nr. 5 Kalium phosphoricum

Kalium phosphoricum befindet sich in den Zellen des Gehirns und der Nerven, in den Muskelzellen, in den Blutkörperchen und in der Gewebsflüssigkeit. Es bewirkt eine Erhöhung der Kampfkraft des Körpers gegen Krankheiten, trägt zum Erhalt der Arbeitsfähigkeit bei und bildet zusammen mit Fettsäuren und Eiweiß das Lecithin. Gemeinsam mit *Natrium chloratum* ist Lecithin unter anderem für den Funktionserhalt des Gehirns verantwortlich.

Ein Mangel an *Kalium phosphoricum* mindert körperliche, geistige und seelische Fähigkeiten. Ein Hinweis auf einen solchen Mangel kann zum Beispiel ein Wechsel von Appetitlosigkeit zu Heißhunger ohne erkennbare Ursache sein.

Kalium phosphoricum

- wirkt entgiftend, anregend und belebend
- wirkt antiseptisch bei Entzündungen im dritten Entzündungsstadium
- ist in Ergänzung mit *Natrium chloratum* ein blutbildendes Mittel
- regt die Muskeltätigkeit an
- verhütet Fäulnis und Gewebszerfall

Wirkung auf der seelischen Ebene

Thema: Erkenne die Auswirkungen deiner Gedanken. Behalte die Kontrolle über deine Gedanken.

Kalium phosphoricum bildet den Betriebsstoff für unser Gehirn, sorgt für Licht und Freude und fördert gute Gedanken. Gedanken formen nicht nur den Geist, sondern auch den Körper. Wenn man sich den ganzen Tag über gute Gedanken macht, werden alle Zellen, die an diesem Tag gebildet werden, mit positiver Energie ausgestattet. Eine Zelle lebt durchschnittlich sieben Jahre im Körper. Entsteht eine Zelle in guten Gedanken, so wirkt sich das über einen langen Zeitraum aus.

Sorgenvolle Gedanken abzustellen ist nicht einfach. Doch kann man, ähnlich wie bei der Wahl eines Radiosenders bewußt entscheiden, welche Gedanken im Vordergrund stehen sollen.

Menschen mit *Kalium-phosphoricum*-Mangel lassen oft ungefiltert alle Umweltgedanken in sich eindringen. Sie erkennen nicht, welche Eigenverantwortung sie auch bei der Wahl ihrer Gedanken haben. Ihre Aufgabe besteht in erhöhter Aufmerksamkeit gegenüber Einflüssen auf gedanklicher Ebene. Die Veränderung der Wahrnehmung bedarf der Kraft der Liebe, die über allem steht.

Patienten mit hohem Mangel an *Kalium phosphoricum* empfinden sich als energiearm – ihre Batterie ist leer. Sie sind überfordert, weil sie weiterhin versuchen, die alten Probleme nicht an die Oberfläche kommen zu lassen bzw. wahrzunehmen. Manche Problemstellungen sind schon so alt, daß sie zu stinken beginnen (Fäulnis).

Psychische Merkmale

Platzangst, Nervosität und/oder Gedächtnisschwäche können Zeichen eines *Kalium-phosphoricum*-Mangels sein. Andere Anzeichen sind Stimmungsschwankungen, Melancholie oder Hypochondrie.

Meridianzuordnung

Kalium phosphoricum ist dem Dünndarmmeridian zugeordnet – ein Meridian der Freude. Ist er energetisch aus dem Gleichgewicht geraten, schlägt die Freude in Kummer, Leid und Traurigkeit um.

Die solchermaßen Betroffenen wirken niedergeschlagen und traurig. Spricht man sie darauf an, beginnen sie meist sofort zu weinen. Sie sind dann allerdings auch erleichtert, daß jemand die Ventile geöffnet hat, da sie selbst dazu meist nicht in der Lage sind.

Über die Zufuhr von *Kalium phosphoricum* hinaus hilft es diesen Menschen, an Freude zu denken und sich durch positive Affirmationen in einen anderen Zustand zu bringen.

Affirmationen

Ich bin voller Freude.
Ich hüpfe vor Freude.

Der Kalium-phosphoricum-Typ

Ein Mensch dieses Typs neigt zu folgenden Erscheinungs- und Krankheitsbildern:

Augen: nervöse Sehstörungen und -schwäche, nervöse Zuckungen der Augenlider bis hin zu Augenlidlähmungen

Haut: trockene Hautausschläge, Wundsein bei kleinen Kindern, kreisrunder Haarausfall

Herz und Kreislauf: Herz schlägt bis zum Hals, Herzklopfen und Herzrasen, Arterienverkalkung mit Gefahr des Schlaganfalls, grippale Infekte, Fieber über

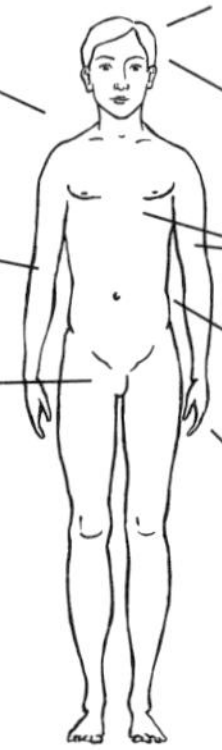

38,5 °C, Neigung zu Nasenbluten und zu Krampfadergeschwüren

Muskulatur: allgemeine Muskelschwäche, Kreuzschmerzen mit Lähmungsgefühl, Gesichtsmuskel- und Augenlähmung, Muskelkrämpfe verschiedenster Art, Wehenschwäche, Schließmuskelschwäche, Magersucht, Regelbeschwerden, Zwischenblutungen

Nervliche Verfassung: nervöse Schlaflosigkeit nach vorheriger Überanstrengung, nächtliches Aufschrecken, Weinerlichkeit, Verzagtheit, Verstimmungszustände, die bis hin zu Depressionen reichen können, gleichzeitig mürrisch und gereizt, Hysterie und Hypochondrie, Kribbligkeit, Gedächtnisschwäche, nervöse Störungen nach Alkoholgenuß, nervöse Magen- und Darmbeschwerden

Verdauungsorgane: fieberhafte Mund- und Rachenerkrankungen, Zahnfleischentzündungen, Mundgeruch,

Magen- und Zwölffingerdarmbeschwerden, fieberhafte Durchfälle, Völlegefühl, Blähungen, Hungergefühl kurze Zeit nach dem Essen

Antlitzdiagnose

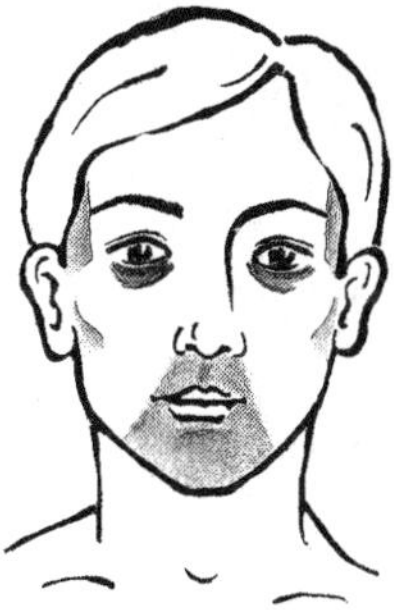

Ein Mangel an *Kalium-phosphoricum* zeigt sich im Gesicht als aschgraue Farbe. Die Färbung beginnt um den Mund, tritt jedoch auch hier im Bereich um die Augen besonders deutlich hervor. Die Gesichter wirken müde, apathisch und ungewaschen.
Es besteht ein ausgeprägter Wunsch nach Ruhe. Jede Anstrengung scheint zuviel.
Bei Herzschwäche zeigt sich die Färbung vor allem an den Mundwinkeln. Ein ausgeprägter Mangel an *Kalium phosphoricum* macht sich auch durch eingefallene Schläfen bemerkbar, insbesondere bei langem Siechtum und beginnendem Sterben.

Zungendiagnose

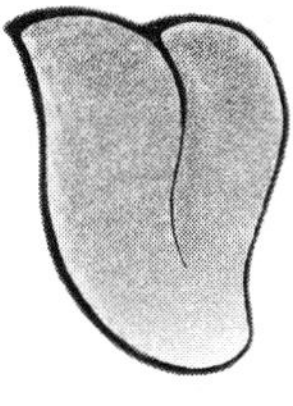

Die Zunge ist braun belegt und trocken. Sie sieht aus wie mit flüssigem Senf bestrichen. Begleitet wird es von üblem Mundgeruch, der Geschmack ist faulig.

Absonderungen

Die Absonderungen der Körperöffnungen haben einen ätzend scharfen Geruch. Sie können Blut enthalten.

Anwendung

Kalium phosphoricum ist ein Nährsalz bei schwachen Nerven, Schlaflosigkeit, Erregungs- und Erschöpfungszuständen des Körpers und des Geistes, bei Gedächtnisschwäche, Platzangst, Herzschwäche, Muskelschwäche mit Lähmungsgefühl. Weil es anregend wirkt, ist es vor 17.00 Uhr einzunehmen.

Bei unruhigen Kindern ist statt *Kalium phosphoricum* eher *Calcium phosphoricum* zu empfehlen. Ein solcher Mangel kann ebenfalls Gemütsverstimmungen, Ängstlichkeit und Schreckhaftigkeit hervorrufen.

Ferner wird *Kalium phosphoricum* angewendet

- bei Erkrankungen mit Fieber über 38,5 °C. Hierbei liegt stets auch ein Gewebezerfall vor. Eine Gabe *Kalium phosphoricum* alle 3 Minuten im Wechsel mit *Ferrum phosphoricum* verabreicht, läßt das Fieber innerhalb von 20 Minuten sinken. Danach muß die Einnahme von *Kalium phosphoricum* im Wechsel mit *Natrium chloratum* fortgesetzt werden.
- bei allen Zuständen, bei denen Gewebezerfall vorliegt, bei infizierten Wunden, Mundfäule, Parodontose, Blutvergiftung oder wenn der Atem nach Fäulnis riecht
- bei allen Störungen der Willenskraft. Je länger und schwerer eine solche Störung bereits andauert, desto länger ist die Einnahme von *Kalium phosphoricum* nötig
- nach Strahlenschäden, Röntgen, radioaktiver Strahlung
- bei Fäulnisprozessen im Körper

- bei niedergeschlagener Stimmung verbunden mit Ängstlichkeit, Gedächtnisschwäche und Traurigkeit
- bei Platzangst, Argwohn, Weinerlichkeit, Unlust zu geistiger Tätigkeit
- bei akuten und chronischen Erschöpfungszuständen
- bei massivem zu niedrigen Blutdruck (Hypotonie)
- bei allen nervösen Störungen, nervösen Herzstörungen, Herzschwäche, Herzrhythmusstörungen, nervösen Sehstörungen, nervösen Ohrenschmerzen

Bei allen diesen Zuständen unbedingt im Wechsel mit *Natrium chloratum* geben!

Mangelbegünstigende Faktoren

In den eigenen Gedanken festgefahren sein zieht einen *Kalium-phosphoricum*-Mangel nach sich, da jeder Gedanke bzw. das Festhalten daran *Kalium phosphoricum* verbraucht.

Homöopathische Vergleichsmittel

Arnica, Gelsemium, Lycopodium, Phosphorus

Nr. 6 Kalium sulfuricum

Kalium sulfuricum befindet sich in Haut und Schleimhaut, meist zusammen mit Eisen. Es bewerkstelligt sozusagen das Großreinemachen im Körper. *Kalium sulfuricum* beschleunigt den Stoffwechsel und fördert die Abschuppung nach hitzigen Krankheiten (Masern, Scharlach, Gürtelrose usw.) durch die Bildung neuer Oberhautzellen. Ohne *Kalium sulfuricum* findet keine Entgiftung statt. Was *Ferrum phosphoricum* in der ersten Entzündungsphase und *Kalium chloratum* in der zweiten Phase bewirkt, vermag *Kalium sulfuricum* in der dritten Phase in Gang zu setzen.

Kalium sulfuricum

- ist neben Eisen am Sauerstofftransport beteiligt
- hilft der Leber entscheidend bei der Entgiftung
- fördert die Neubildung der Muskelzellen im Wechsel mit *Kalium chloratum*

Wirkung auf der seelischen Ebene

Thema: Verzeihe und laß los, um Neuem Platz zu machen. Lebe in der Gegenwart.

Patienten mit hohem Mangel an *Kalium sulfuricum* fühlen sich ausgebrannt und überfordert. Sie haben zur Zeit des Mangels keinen klaren Überblick – alles ist zuviel geworden. Das Festhalten der alten Problematiken kostet viel Kraft. Sie haben den Wunsch, versorgt zu werden, lassen dabei jedoch nichts an sich heran und geben auch nichts ab.

Alte Problematiken resultieren häufig aus Kindheitserlebnissen. Unglückselige Erfahrungen verursachen meist seelische Schmerzen und werden daher gerne verdrängt. Die Schuld wird auch bei einem *Kalium-sulfuricum*-Mangel bei den anderen gesucht, doch im Gegensatz zur seelischen Wirkung bei fehlendem *Kalium chloratum* liegen die Konflikte hier sehr lange zurück. Solange aber davon ausgegangen wird, daß der erste Schritt zur Klärung vom »Schuldigen« getan werden muß, ist eine Aufarbeitung der Thematik nicht möglich. Hilfreich ist es hier, sich die Situation noch einmal wie auf einer Leinwand aus der Distanz anzusehen und so neutral wie möglich zu erleben. Die eigenen Anteile bei der Entstehung der Situation sind dann deutlicher zu erkennen, und es läßt sich leichter eine konstruktive Lösung finden.

Erwachsene haben größere Schwierigkeiten, die Erkenntnis, die sie während einer Krankheit gewonnen haben, in die Tat umzusetzen. Sie erholen sich oft langsamer von Erkrankungen – dies äußert sich zum Beispiel in schweren Beinen und Armen. Jeder Schritt ist nur mit Mühe zu tun. Das Rezept für eine gute Versorgung mit *Kalium sulfuricum* lautet: »Lebe leicht, laß die Verletzungen der Vergangenheit los und behalte das Erfreuliche«. Fragen Sie sich jeden Abend: »Was ist mir heute über die Leber gelaufen? Was hat mich innerlich bewegt?« Erkennen Sie Ihren Anteil und lassen ihn dann wie eine Wolke am Himmel vorbeiziehen. Dadurch erreichen Sie eine sofortige Verarbeitung und schaffen Raum für neue Erfahrungen.

Psychische Merkmale

Der Mangel an *Kalium sulfuricum* zeigt sich auf der psychischen Ebene durch mangelndes Selbstvertrauen, ängstliche Stimmung, langsames Denken oder passives Verhalten. Alle Merkmale können mit Traurigkeit einhergehen.

Meridianzuordnung

Kalium sulfuricum ist nach der chinesischen Medizin dem Lebermeridian und damit dem Glücklichsein zugeordnet. Ein Mangel an *Kalium sulfuricum* steht für eine Schwäche des Lebermeridians und damit für das Unglücklichsein. Menschen, die traurig aussehen, werden auch bei uns im Volksmund gefragt: »Was ist dir über die Leber gelaufen?«

Glück bedeutet für jeden etwas anderes: das gute Ausgehen von Vorhaben, reichlich Geld zum Lebensunterhalt zu verdienen oder das Empfinden, vom Schicksal begünstigt zu sein. Man ist geneigt, äußere Umstände in die Wertung mit einzubeziehen. Doch nicht umsonst heißt es: »Jeder ist seines eigenen Glückes Schmied«. *Kalium sulfuricum* unterstützt den Lebermeridian und trägt so dazu bei, das Glück wieder in die eigenen Hände zu nehmen und Verantwortung für das Ergebnis seiner Entscheidungen zu übernehmen.

Affirmationen

Ich gehe mit Freude meinen Weg.
Ich lebe die Gegenwart mit meinem ganzen Sein.
Ich trage mit Leichtigkeit die Verantwortung
für mein Leben.

Der Kalium-sulfuricum-Typ

Ein Mensch dieses Typs neigt zu folgenden Erscheinungs- und Krankheitsbildern:

Augen: Bindehautentzündungen, Gelbfärbung der Augäpfel, verklebte Augenlider

Schwachstelle: Nerven und Gelenke

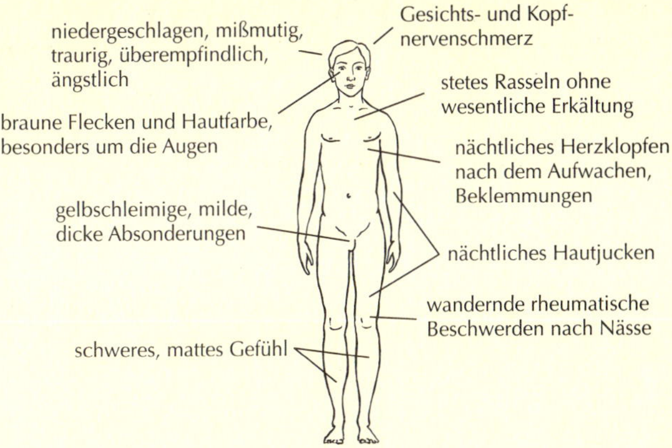

Haut: nächtlicher Juckreiz, vor allen bei Kinderkrankheiten, Gürtelrose, Herpes-Bläschen zum Zeitpunkt der Abschuppung, gelblichbraune Gesichtsfarbe

Herz und Kreislauf: nächtliches Herzklopfen, schneller Puls, Erwachen zwischen 1.00 und 3.00 Uhr nachts, Schwindel

Atemtrakt: eitriger Schnupfen mit hartnäckiger Nasennebenhöhlenentzündung, starkes Schleimrasseln auch ohne Hustenattacken, gelbschleimiger Auswurf, Atemnot mit Kurzatmigkeit, Räusperzwang

Knochen und Gelenke: schweres, mattes Gefühl in allen Gliedern, springende rheumatische Beschwerden, die bei Wärme und nach Durchnässung schlimmer werden, Krämpfe in den Unterschenkeln

Nervliche Verfassung: Verstimmungszustände mit Traurigkeit und Ängstlichkeit, Überempfindlichkeit und Ungeduld, Trigeminusneuralgie, Zwischenrippenfell-

Neuralgien, schlimmer gegen Abend und durch Wärme, Besserung der Beschwerden an frischer Luft, Fallträume

Verdauungsorgane: Zahn- und Kieferschmerzen, Magenschmerzen mit Völlegefühl, Neigung zu Gallensteinbildung, Hämorrhoiden

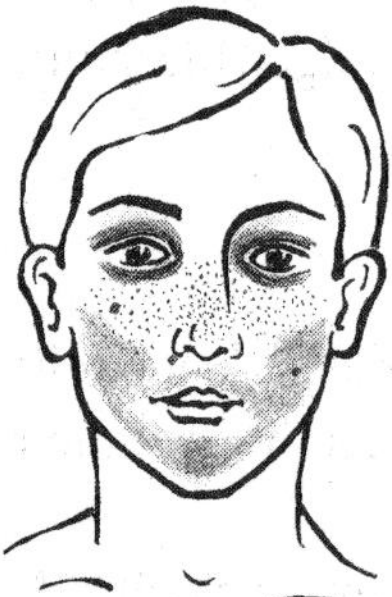

Antlitzdiagnose

Bei Patienten mit einem Mangel an *Kalium sulfuricum* lassen sich Verfärbungen feststellen, die je nach Hauttyp zwischen gelb und braun variieren. Auch weisen Leberflecken und Sommersprossen auf einen Mangel dieses Salzes hin; hier hat sich die Verfärbung punktuell gesammelt. Da *Kalium sulfuricum* mit der Leber und den Entgiftungsfunktionen in Verbindung steht, spielt es eine Rolle im Bilirubinkreislauf (Bilirubin ist ein Gallenfarbstoff, der beim Abbau von Hämoglobin durch Oxidation entsteht). Zwar muß die Konzentration an Bilirubin, um in der Schulmedizin als erhöht zu gelten, stark überschritten sein. Doch der menschliche Körper reagiert sensibel auf ein Ungleichgewicht, so daß antlitzdiagnostisch ein Mangel viel eher sichtbar ist, als über die Labordiagnostik feststellbar.

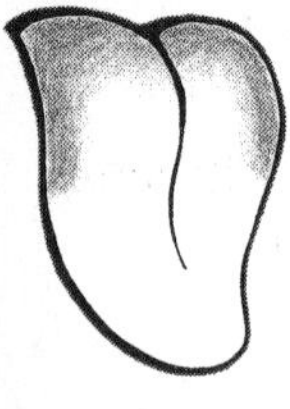

Zungendiagnose

Der Mangel an *Kalium sulfuricum* zeigt sich auf der Zunge durch gelblichbraunen bis ockerfarbenen Belag, der schleimig wirkt.

Der Belag ist vor allem am Zungenansatz zu finden und hat einen schalen Geschmack. Es kann zu Geschmacksverlust kommen.

Absonderungen

Die Absonderungen der Körperöffnungen bei einem Mangel an *Kalium sulfuricum* erscheinen gelblich und schleimig. Es bildet sich häufig eine schuppige Oberhaut, wobei auch Juckreiz auftreten kann.

Anwendung

- bei morgendlicher Müdigkeit und Zerschlagenheit; man hat den Eindruck, den Tag nicht erholt beginnen zu können
- bei Müdigkeit, Mattigkeit, Traurigkeit, Schwindel, Kopf- und Gliederschmerzen, Herzklopfen
- bei Müdigkeit nach dem Essen
- bei allen chronischen Krankheiten
- bei Krankheiten, die »nicht richtig herauskommen« wollen
- bei Katarrhen mit gelbschleimigen Absonderungen (Ohrfluß, Schnupfen etc.) und gelblichem Zungenbelag
- bei hitzigen Krankheiten (Masern, Scharlach usw.)
- bei Nieren- und Leberentzündungen, Magen-Darm-Katarrhen
- bei rheumatischen Gelenkbeschwerden
- bei Unlust, Benommenheit, Druck- und Völlegefühl im Oberbauch, Verdauungsstörungen
- bei Katzenjammer

- bei starkem Verlangen nach kühler sauerstoffreicher Luft
- bei Hautausschlägen mit Schuppenbildung auf klebrigem Untergrund
- bei bestehendem Muskelkater

Mangelbegünstigende Faktoren

Der häufige Genuß von Kaffee und Zigaretten fördert den Mangel an *Kalium sulfuricum*.

Homöopathische Vergleichsmittel

Hepar sulfuris, Pulsatilla, Rhus toxicodendron, Hydrastis

Nr. 7 Magnesium phosphoricum

Magnesium phosphoricum hat den umfangreichsten Wirkungsbereich aller Mittel. Es ist an vielen Enzymprozessen beteiligt. Es regt alle Zellen zu gleichmäßigen rhythmischen Bewegungen an und sorgt somit für die Erhaltung der Fähigkeit, verbrauchtes Zellmaterial abstoßen zu können. Es befindet sich in Muskeln und Blutkörperchen, im Gehirn und im Rückenmark sowie in Knochen und Zähnen. Es steuert das vegetative Nervensystem und sorgt für die Ausgeglichenheit zwischen Anspannung und Entspannung der Nerven, wirkt also auf Sympathikus und Parasympathikus.

Es regelt die Herztätigkeit, die Atmung, die Verdauung und den Blutdruck. Magnesium bindet Stickstoff und bereitet ihn somit zur Ausscheidung vor. *Magnesium phosphoricum* steuert auch den Fettstoffwechsel, vermindert den Grundumsatz des Organismus und wirkt cholesterinsenkend.

Magnesium phosphoricum

- ist ein wichtiges Mittel für das vegetative Nervensystem, also das vom bewußten Willen unabhängige Nervensystem
- regelt die unbewußte Funktion der inneren Organe
- ist Bestandteil der feinen Knochenhüllen (siehe *Calcium fluoratum*)
- treibt flüssigen Stickstoff aus, der sich durch den Stoffwechselabbau bildet
- ist ein gutes Drüsenmittel, z. B. bei Fehlfunktionen der Schilddrüse
- wirkt krampflösend, schmerzlindernd, stoffwechselfördernd und ausscheidend
- wirkt cholesterinsenkend und antiallergisch
- ist besonders wichtig im Entwicklungsstadium von Kindern in Verbindung mit *Calcium fluoratum*. Beide Salze haben großen Einfluß auf die Festigkeit der äußeren Knochenhüllen, der Zähne und besonders des Zahnschmelzes.

Wirkung auf der seelischen Ebene

Thema: Wo zwinge ich mich in eine Rolle, um anderen zu gefallen? Wo ersticke ich im Alltag und gebe meinen Seelenimpulsen nicht genug Raum zur Entfaltung?

Patienten mit hohem *Magnesium-phosphoricum*-Mangel stehen unter Druck. Sie sind gefordert und verkrampfen, da sie sich nicht sicher sind, ob sie der Herausforderung standhalten werden. Unser größter Druck im Alltagsgeschehen ist der, unserer Rolle gerecht zu werden. Ein sichtbares Zeichen dafür ist das Erröten: Schamgefühl und Verlegenheit treten hier nach außen. Der Mensch ist in diesem Moment nicht in der Lage, die inneren Emotionen umzusetzen. Er schaltet quasi die Ampel »auf Rot«. Jetzt wäre etwas Zeit vonnöten, um die Eindrücke zu verarbeiten. Hilfreich bei der Verwandlung der starken seelischen Impulse in Energie ist jedoch *Magnesium phosphoricum.*

Oft spielen auch Minderwertigkeitsgefühle eine Rolle. Ein Betroffener macht sich viele Gedanken, wie er bei den Mitmenschen ankommt, und orientiert sich an seiner Außenwelt.

Treten *Magnesium-phosphoricum*-indizierte Schmerzattacken auf, ist der Mensch gezwungen, nach innen zu sehen. Die Art der Schmerzen läßt oft nichts anderes mehr zu.

Die Funktion des vegetativen Nervensystems wird wesentlich über *Magnesium phosphoricum* gesteuert. Bei einem Mangel ist die unwillkürliche Tätigkeit der Organe gestört, doch die Zufuhr von *Magnesium phosphoricum* ermöglicht den Ausgleich der Seelenkräfte über das Vegetativum. Da der Körper der Seele folgt, wirken sich Gemütszustände wie Fröhlichkeit, Apathie, Wut und Freude auch in organischen Funktionen aus.

Magnesium phosphoricum ist das geeignete Mineral, um die Brücke zwischen Körper und Geist wieder zu schließen.

Psychische Merkmale

Die psychischen Auswirkungen eines Mangels an *Magnesium phosphoricum* können Verdrießlichkeit, Eigensinnigkeit und Stimmungsschwankungen sein. Auch Lebensangst, Furcht und Neurosen werden zu den Auswirkungen dieses Mineralmangels gezählt.

Meridianzuordnung

Magnesium phosphoricum wird dem Blasenmeridian zugeordnet, der in der chinesischen Medizin für die Emotionen Friede und Harmonie bzw. – in unausgeglichener Form – für Ruhelosigkeit, Ungeduld und Frustration zuständig ist. Diese Zuordnung erfolgt nicht zufällig. Sicher weiß jeder, daß Leute, die besonders vor Prüfungen angespannt sind, immer wieder zur Toilette müssen und unruhig hin und her laufen.

Als positiver Ausdruck des Blasenmeridians wird Harmonie beschrieben. Harmonie bedeutet »Übereinkunft der Empfindungen«. Wenn innerlich und äußerlich eine Übereinkunft oder ein Einvernehmen herrscht, dann sprechen wir von Harmonie. Musikalisch betrachtet, ist die Harmonie die Auflösung der Dissonanz. Diese Definition gilt für die Seele gleichermaßen. Um zu Harmonie zu gelangen, ist Ruhe nötig.

Affirmationen

Ich bin friedvoll und ausgeglichen.
Alle Unannehmlichkeiten und Konflikte
in meinem Inneren sind geklärt.
Ich lebe im Gleichgewicht.

Der Magnesium-phosphoricum-Typ

Ein Mensch dieses Typs neigt zu folgenden Erscheinungs- und Krankheitsbildern:

Atemtrakt: Krampfhusten, Krampfasthma, Zwerchfellkrampf (Schluckauf)

Augen: Neigung zum Funkensehen, stechende Augenschmerzen (nervös bedingt), nach Gehirnerschütterung zurückbleibender erhöhter Augendruck

Geschlechtsorgane: krampfartige Menstruationsschmerzen

Harnwege: Harnstau durch Krampf des Harnschließmuskels

Haut: Jucken der Haut, das sich bei Wärme verschlimmert, Schuppenflechte (Psoriasis), trockene Ekzeme

Herz und Kreislauf: nervöses Herzklopfen, ausstrahlende Brustschmerzen, Angina-Pectoris-Anfälle, Adernverkalkung

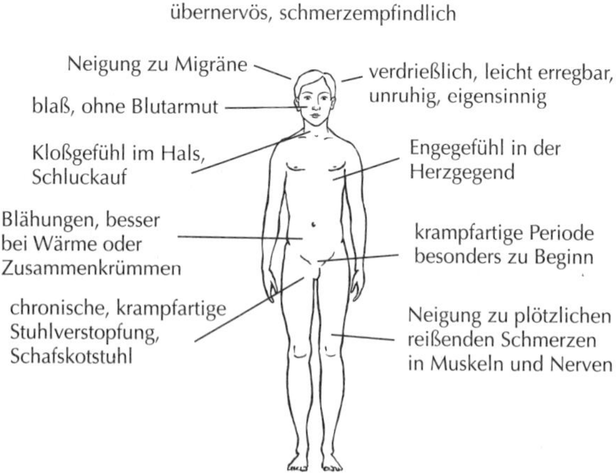

Knochen und Gelenke: chronische Gelenkbeschwerden, Rheumatismus (warme Anwendungen bessern die Beschwerden)

Nervliche Verfassung: blitzartig einschießende, bohrende Schmerzen, Krämpfe aller Art, Neuralgien, Schmerzen, die nachts schlimmer werden (auch Zahnschmerzen), Schmerzen aller Art ohne Fieber, nervöse Schlaflosigkeit, vegetative Dystonie, Beschwerden, die bei Kälte und leichten Berührungen zunehmen

Verdauungsorgane: Gallen- und Nierenkoliken, Magen-Darm-Krämpfe, hartnäckige Verstopfung

Antlitzdiagnose

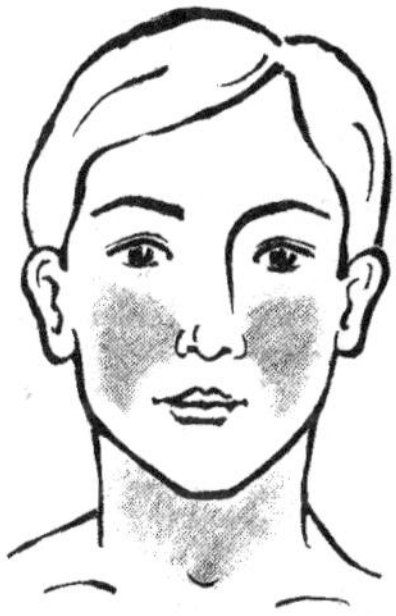

Ein Mangel an *Magnesium phosphoricum* zeigt sich durch eine zarte Röte, besonders neben den Nasenflügeln an den Wangen. Diese Röte tritt bei Freude, Trauer, innerer Unruhe und einer gewissen Labilität des vegetativen Nervensystems verstärkt auf. Dazu ist auch ein Erröten in diffizilen Situationen zu zählen. Es zeigt einen kurzfristigen Magnesiumbedarf an. Die sogenannte Magnesiumröte ist auch an den Ohren zu erkennen. Die Haut ist nicht erhitzt, auch wenn es so empfunden wird. Dieses antlitzdiagnostische Zeichen ist leicht zu erkennen. Eine Pupillenerweiterung ist ebenfalls ein Indiz für Magnesiummangel.

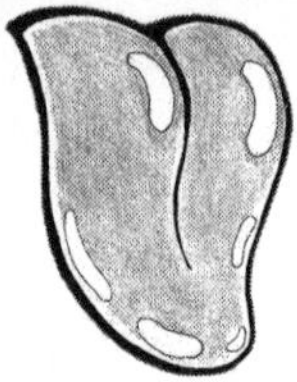

Zungendiagnose

Bei einem Mangel an *Magnesium phosphoricum* hat man eine empfindliche Zungenoberfläche. Der Belag erscheint gelblichglänzend, und man hat einen süßlichen Geschmack im Mund.

Absonderungen

Ein *Magnesium-phosphoricum*-Mangel kennzeichnet sich nicht durch spezielle Absonderungen der Körperöffnungen.

Anwendung

Das Fehlen von *Magnesium phosphoricum* hat Krämpfe aller Art zur Folge, wie Herz-, Blasen-, Magen- oder Wadenkrämpfe, und zieht blitzartig einschießende, wechselnde und wandernde Schmerzen nach sich. Sie treten mit plötzlichen Pausen auf und wechseln gern die Stellen. Sie lassen sich durch festen Druck oder Wärme mildern sowie durch Ergänzen des fehlenden Minerals.
Ferner wird *Magnesium phosphoricum* gegeben bei

- krampfartigen Kopfschmerzen
- Überempfindlichkeit durch gereizte Nerven
- innerer Unruhe
- Störungen der Tätigkeit der Organe, die vom unbewußten Nervensystem gesteuert werden, wie Darm, Drüsen, Herz
- Drüsenerkrankungen, etwa der Leber, der Bauchspeicheldrüse oder Lymph- und Schilddrüse. Je nach Krankheit ist hier ein weiteres Mittel zusätzlich zu

verabreichen, wie z. B. *Calcium fluoratum, Kalium chloratum, Natrium phosphoricum*

- Entzündungen der Knochenhaut und bei Knochenauswüchsen, die u. U. aussehen wie kleine Warzen
- bei Heißhunger und Suchterkrankungen
- bei allen Geschwulsterkrankungen
- bei ständig kalten Gliedmaßen
- bei Gicht, Rheuma, Gallen- oder Nierengries oder -steinen sowie deren Krämpfen oder Koliken
- Für akute Fälle ist besonders die »heiße Sieben« angezeigt: 10 Pastillen *Magnesium phosphoricum* werden in einem Glas mit heißem Wasser aufgelöst und schluckweise so heiß wie möglich getrunken.

Mangelbegünstigende Faktoren

Elektrosmog, Kaffee und Schokolade verstärken den Mangel an *Magnesium phosphoricum.*

Homöopathische Vergleichsmittel

Belladonna, Camomilla, Gelsemium, Veratrum album, Zincum metallicum

Nr. 8 Natrium chloratum (Natrium muriaticum)

Natrium chloratum kommt in allen Körperflüssigkeiten, vorwiegend in zirkulierenden Säften (Blut, Lymphe), und Geweben vor. Es reguliert die Wasseraufnahme der Zellen und zieht Wasser an. Die im Wasser gelösten

Nährstoffe und Mineralsalze gelangen mit dem Wasser in die Zellen. *Natrium chloratum* ist notwendig zur Bildung und zum Erhalt von Zellen und Schleimstoff.

Natrium chloratum

- ist zusammen mit *Calcium phosphoricum* zur Bildung neuer Zellen erforderlich
- ist mit *Kalium phosphoricum* an der Neubildung der roten Blutkörperchen beteiligt
- steht in Beziehung zum Knorpelgewebe
- ist nötig zur Ausscheidung von Fremdstoffen und metallischen Giften
- unterstützt die Bildung von Salzsäure durch die Magenschleimhaut (Magensaft)

Wirkung auf der seelischen Ebene

Thema: Das Kräfteverhältnis im Geben und Nehmen ist ausgeglichen.

Die Wirkung von *Natrium chloratum* auf die seelische Befindlichkeit ist am einfachsten mit einem Brunnen zu vergleichen, der weitergibt, was er bekommt. Ein Brunnen spendet Wasser, das ihm aus einer Quelle zufließt. Ist die Quelle nicht sauber, kann der Brunnen kein sauberes Wasser weitergeben. Ist der Brunnen selbst verschmutzt, kann ebenfalls kein sauberes Wasser entnommen werden. Der Mangel an *Natrium chloratum* zeigt ein Ungleichgewicht zwischen Geben und Nehmen an. Man sollte immer wieder für sich klären: Warum habe ich Angst, zu kurz zu kommen? Wo überziehe ich mein Kräftepotential? Bin ich bereit, den Energien, mit denen ich arbeiten möchte, auch ein reines Gefäß zu bieten?

Häufig ist ein hoher *Natrium-chloratum*-Mangel bei Suchtkranken (Alkohol, Nikotin etc.) zu beobachten. Diese Personen fühlen sich überflüssig und hoffen, durch ihre Suchtmittel zu spüren, daß sie noch leben. Ihnen fehlt die Würze des Lebens.

Psychische Merkmale

Auch bei einem *Natrium-chloratum*-Mangel findet man unter den psychischen Merkmalen Traurigkeit, vermischt mit Weinerlichkeit und Verzagtheit. Die Betroffenen klagen über eine auffallende Tagesmüdigkeit, Mangel an Lebensfreude und Durchsetzungsvermögen. Probleme werden schlecht verarbeitet, und es besteht eine Neigung zu Alpträumen, Hysterie oder Hypochondrie.

Meridianzuordnung

Das Mineral *Natrium chloratum* ist dem Dickdarmmeridian zugeordnet. Dieser Meridian ist für Selbstwert und Schuldgefühle zuständig. Meist besteht eine direkte Beziehung zwischen dem Dickdarmmeridian und dem – ebenfalls der chinesischen Medizin geläufigen – Dreifacherwärmer, der der Schilddrüse zugeordnet ist. Depressionen und Schuldgefühle entstehen häufig aus kindlichem Zorn, Haß oder Neid gegenüber der Mutter. Patienten mit dauerhaften Schuldgefühlen leiden häufig an Darmbeschwerden aufgrund von entzündlichen Veränderungen oder Geschwüren. Sie empfinden sich als innerlich schmutzig. Die ersten Schritte eines Betroffenen sollten sein, das Selbstwertempfinden aufzubauen und von den Schuldgefühlen abzulassen. Schuld bedeutet im ursprünglichen Sinne auch die »Verpflichtung zu einer Dienstleistung«. Im religiösen Sinne wird es als »Bewußtseinsbelastung als Folge eines Vergehens oder einer Sünde« empfunden. Hält man sich die ursprüngliche Bedeutung, »Verpflichtung zu einer Dienstleistung«, vor Augen, kann man durchaus zu einem tatsächlichen Selbstwert gelangen. Eine Dienstleistung ist meist relativ leicht zu erbringen.

Affirmationen

Ich bin von Grund auf rein und gut.
Ich liebe mich, daher lieben mich auch andere.
Ich bin es wert, geliebt zu werden.

Der Natrium-chloratum-Typ

Ein Mensch dieses Typs neigt zu folgenden Erscheinungs- und Krankheitsbildern:

Atemtrakt: Seitenstechen, Fließschnupfen, Bronchialasthma, häufiges Nasenbluten

Augen: Sandkorngefühl im Auge und reichlicher Tränenfluß

Harnwege: unwillkürlicher Harnabgang, Brennen in der Harnröhre, Nierenentzündungen

Haut: Haarausfall, feuchtglänzende Gesichtshaut, Pikkel, Mitesser, Warzen in den Handtellern, nässende Ausschläge, Gürtelrose

Herz und Kreislauf: ständiges leichtes Schwitzen, Blutungsneigung, Blutarmut (Anämie)

Knochen und Gelenke: Gicht, Gelenkrheumatismus,

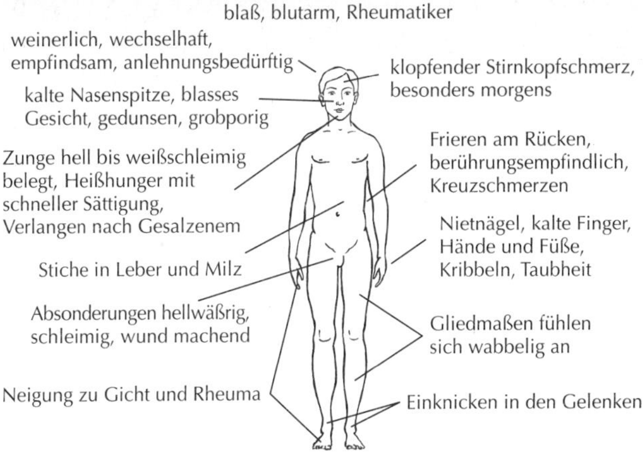

Wasseransammlungen in den Gelenken (insbesondere in Knie und Knöchel)

Nervliche Verfassung: empfindlich gegenüber Gemütsregungen, Stirnkopfschmerzen mit Sehstörungen und Flimmern vor den Augen, Gedächtnisschwäche, schmerzempfindliches Rückgrat, Delirium bei Trinkern

Ohren: Schwerhörigkeit durch Schwellung der Eustachischen Röhre (Ohrtrompete)

Verdauungsorgane: aufgesprungene Lippen, vermehrter Speichelfluß häufig verbunden mit Magenschmerzen, Entzündungen der Mundschleimhaut mit Bläschenausschlag, Sodbrennen durch ungenügende Salzsäurebildung, chronische Verdauungsstörungen, Völlegefühl nach dem Essen, schlechte Verträglichkeit eiweißreicher Kost, hartnäckige Verstopfung

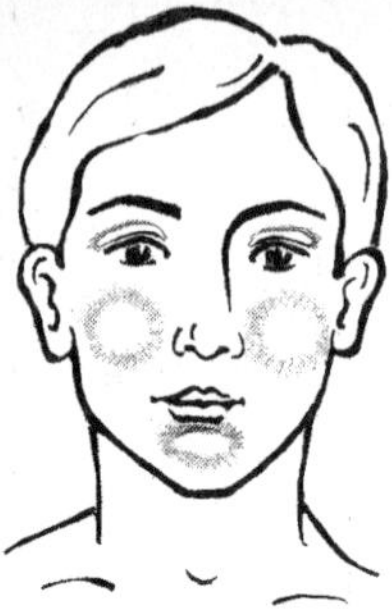

Antlitzdiagnose

Der ausgeprägte Mangel an *Natrium chloratum* zeigt sich vor allem durch ein gedunsenes Gesicht, das wäßrig aufgeschwemmt wirkt. Die Haut ist in ihrer Struktur grobporig, und die Gesichtshaut – oft einschließlich der Augenlider – zeigt einen gelatineartigen Glanz, den sogenannten Mucinglanz. Er ist abwischbar, erscheint jedoch bald wieder.

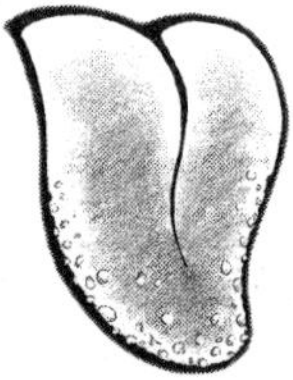

Zungendiagnose

Der Zungenbelag bei einem *Natrium-chloratum*-Mangel zeigt sich hell, weiß bis weißgrau und/oder schleimig. Auffällig ist die feuchte Aussprache. Die Betroffenen neigen zu brennenden Bläschen oder auch Geschwüren auf der Zunge und einem salzigem oder metallischem Geschmack im Mund bis hin zum Geschmacksverlust.

Absonderungen

Die Absonderungen der Körperöffnungen bei einem starken Mangel an *Natrium chloratum* sind hellwäßrig und scharf, zudem salzig und ätzend. Es bilden sich trockene weiße Schuppen auf der Haut.

Anwendung

Natrium chloratum ist angezeigt bei schaumigem Auswurf oder wasserhellem, glasigem Belag. Es handelt sich hierbei um austretenden Schleimstoff. Weitere Symptome sind:

- schwache Gelenke
- Nietnägel
- Hinfälligkeit
- rissige Lippen und dunkle Augenringe
- Bläschenausschlag
- brennende Schmerzen, vor allem der Augen und Gelenke
- alle Stoffwechselstörungen
- Schläfrigkeit nach dem Essen
- rasche Ermüdung bei geistiger Arbeit
- Blutarmut
- rasche Ermattung bei Sonnenhitze
- Kältegefühle längs des Rückgrates, in den Händen und Füßen
- Verlust des Geruchs oder Geschmacks
- Tränen der Augen, schon bei leichten Reizen
- Bluthochdruck
- Durstgefühl mit Speichelfluß
- wäßriger Nasenkatarrh
- Gelenkrheumatismus, Morbus Bechterew
- Einknicken in der Knöchelgegend
- Verdickung der Gelenkknorpel
- Karies, Zahnschmerzen, die vom Trigeminus ausgehen
- Kopfschuppen
- Metallvergiftungen
- Gärung im Magen durch Mangel an Magensäure
- feuchtes Wetter und feuchte Wohnungsluft werden als besonders unangenehm empfunden

Mangelbegünstigende Faktoren

Der Genuß von stark Gesalzenem und Geröstetem erhöht einen Mangel an *Natrium chloratum* ebenso wie eine starke Belastung mit Schwermetallen. Diese Belastungen entstehen bei Staufahrten und Berufskraftfahrern bzw. Personen, die sehr viel Auto fahren.

Homöopathische Vergleichsmittel

Nux vomica, Pulsatilla, Sulfur, Bryonia

Nr. 9 Natrium phosphoricum

Natrium phosphoricum ist Bestandteil der Blutkörperchen, der Muskeln, von Gehirn und Nervenzellen sowie der Gewebsflüssigkeit. Es gilt als Funktionssalz zur Aufrechterhaltung des normalen Säure-Basen-Gleichgewichtes der Körperflüssigkeiten. Dr. Schüssler maß diesem Salz große Bedeutung bei: Beim Kohlensäureaustausch des Blutes in der Lunge, bei der Lösung der Harnsäure im Blut, bei der Verseifung der Fettsäuren nach Fettgenuß und bei übermäßiger Milchsäurebildung infolge falscher Ernährung der Kinder – überall fallen Säuren an. *Natrium phosphoricum* bindet diese Säuren und zieht sie in das Lymphsystem. Von dort können sie zu den Ausscheidungsorganen gebracht werden.
Häufig führt falsche Ernährung zu einem *Natrium-phosphoricum*-Mangel. Vor allem Zuckerprodukte (Süßigkeiten genauso wie viele Getränkearten) und andere Säurebildner sind hierfür verantwortlich.

Natrium phosphoricum

- ist ein Säuretilger – es entsäuert das Blut
- bindet Kohlensäure und bringt sie über die Lunge zur Ausscheidung
- versetzt die Galle in die Lage, Fettsäuren zu verseifen
- ist in Nervenfäden vorhanden und erhält deren Funktion in Verbindung mit Silicea (Kieselsäure)
- fördert die vollständige Verbrennung der Stoffwechselreste
- zerlegt durch Muskelarbeit entstandene Milchsäure in Wasser und Kohlensäure und bringt die giftig wirkende Kohlensäure zur Ausscheidung
- verhindert die Gerinnung von Eiweißstoffen in der Lymphe und verhütet dadurch Eitergeschwülste

Wirkung auf der seelischen Ebene

Thema: Finde die Veränderung im richtigen Maß – soviel wie nötig, so wenig wie möglich

Emotionen, Aggressionen und dynamische Kräfte sind im richtigen Maß einzusetzen. Der Mangel an *Natrium phosphoricum* drückt auch einen Mangel an Sanftmut aus. Es geht darum, mit dem geringsten Aufwand ohne zerstörerischen Druck das gewünschte Ziel zu erreichen. *Natrium phosphoricum* ist das Salz der natürlichen Autorität. Es wird durch die gelebte Dynamik, die den Menschen fordert, aber nicht überfordert, ausgedrückt. Wird diese Energie nicht richtig umgesetzt, schlägt sie in Wut um. Ein Mensch mit *Natrium-phosphoricum*-Mangel kann »stinksauer« werden (der Schweiß riecht sehr stark und unangenehm), da sich der Mut, etwas zu verändern, in Wut, es nicht getan zu haben, verwandelt hat. Oft findet man den Typ des Cholerikers in dieser Mangelgruppe. Er verschafft sich Raum durch Fettleibigkeit oder Wutausbrüche, die die Mitmenschen auf Abstand halten. Ist er wegen Kommunikationsschwächen dazu nicht in der Lage, beginnt er, durch Körperausdünstungen seinen Raum »zu behaupten«.

Psychische Merkmale

Die psychischen Merkmale des Mangels an *Natrium phosphoricum* sind Minderwertigkeitsgefühle. Wie im Abschnitt der seelischen Ebene beschrieben, reagiert der Betroffene schnell sauer – er ärgert sich und wird aggressiv.

Meridianzuordnung

Das Mineral *Natrium phosphoricum* wird dem Kreislauf-Sexus-Meridian zugeordnet. Dieser Meridian steht im ausgeglichenen Zustand für das Loslassen der Vergangenheit, für Großzügigkeit und Entspannung. Ist dieser Meridian im Ungleichgewicht, herrschen Eifersucht, sexuelle Spannung, Bedauern und Reue vor.
Bedauern und Reue kann man zusammenfassen in seelischen Schmerz über etwas, was man getan oder unterlassen hat. Man peinigt sich dafür und ist nicht in der Lage, diesen Teil der Vergangenheit loszulassen. Man sollte sich jedoch vor Augen halten, daß es nicht möglich ist, die Vergangenheit zu verändern. Wir haben nur die Möglichkeit, in der Gegenwart zu leben und diese auch aktiv zu gestalten. Die Vergangenheit ist vorbei, und die

Zukunft kann vorbereitet werden, aber richtig leben können wir nur die Gegenwart. Aus dieser Erkenntnis ergeben sich auch die Affirmationen.

Affirmationen

Gerade heute ist der beste Tag meines Lebens.
Ich lasse die Vergangenheit los.
Ich bin entspannt in Körper, Geist und Seele.
Ich bin großzügig.

Der Natrium-phosphoricum-Typ

Ein Mensch dieses Typs neigt zu folgenden Erscheinungs- und Krankheitsbildern:

Atemtrakt: Schnupfen, Stockschnupfen, Rippenfellentzündung, Asthma

Augen: Augenentzündung bei Säuglingen, Funkensehen, Gerstenkörner, Lidrandentzündung

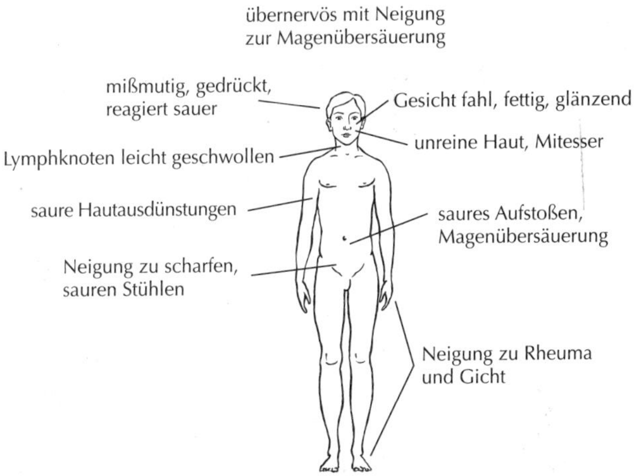

Harnwege: entzündliche Blasen- und Nierenleiden, Harngrieß- und -steinbildung, Blasenkatarrhe, kindliches Bettnässen bei Wurmleiden

Haut: fettglänzende Gesichtshaut, Akne, Milchschorf, Hautunreinheiten, Eiterpickel, vermehrte Talgabsonderungen, nässende Hautabsonderungen mit Eiterbildung, Hauterkrankungen mit Pustelbildung

Herz und Kreislauf: starke Schweißbildung bei Aufregung (besonders unter den Achseln), saurer Körpergeruch, geschwollene Lymphdrüsen, Krampfadern, schlecht heilende Wunden, offene Beine, Venenentzündungen, Schweißfüße, Neigung zu Fußkälte

Knochen und Gelenke: Knacken in den Gelenken, Gicht, Gelenkentzündungen, Rheuma, Schmerzen und Knoten in den Finger- und Zehengelenken

Nervliche Verfassung: Zuckungen der Gesichtsmuskulatur, Überreizung, »Burn-out«-Syndrom, Ängstlichkeit

Ohren: Jucken der Ohren, Gichtknoten an den Ohren

Verdauungsorgane: saures Aufstoßen, Sodbrennen, saurer Geschmack im Mund, saures Erbrechen, Blähbauch, Bauchbeschwerden, die durch Trinken von Milch besser werden, Verlangen nach Genußmitteln wie z. B. Alkohol oder Nikotin, Neigung zu Seekrankheit und Reiseübelkeit

Antlitzdiagnose

Der Mangel an *Natrium phosphoricum* ist auch antlitzdiagnostisch leicht zu erkennen. Betroffene weisen einen Fettglanz der Haut auf. Die Haut zeigt auch Mitesser und andere Hautunreinheiten.

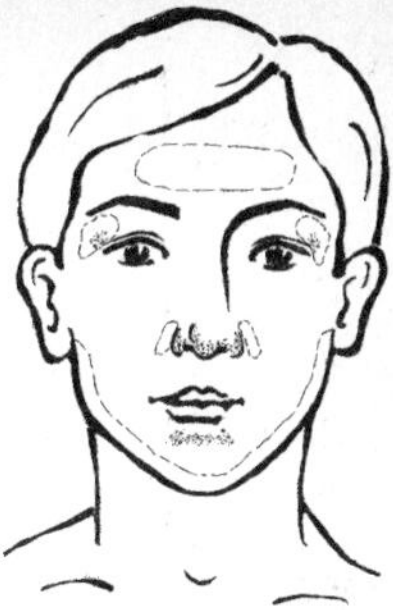

Die Säuren des Körpers werden über die Hautfettung ausgeschieden. Grundsätzlich gilt: Je saurer ein Organismus, desto fetter die Haut, denn über die verstärkte Fettung können auch vermehrt Säuren ausgeschieden werden. Bei ausgeprägtem Mangel hat der Patient ein Doppelkinn.

Zungendiagnose

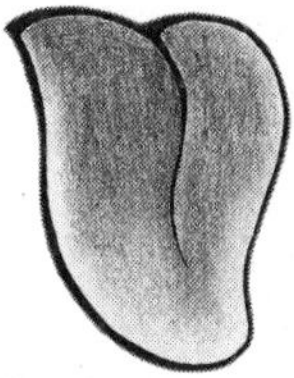

Der Zungenbelag bei einem ausgeprägten *Natrium-phosphoricum*-Mangel erscheint honiggelb. Der Geschmack wird von sauer bis bitter beschrieben.

Absonderungen

Die Farbe der Körperabsonderungen sind honiggelb. Es kommt zu fettigen, rahmigen und/oder eitrigen Ausschwitzungen, die sauer riechen.

Anwendung

Natrium phosphoricum ist angezeigt bei honiggelbem, rahmartigem Ausfluß aus Eichel oder Scheide und Absonderungen anderer Körperregionen.

Außerdem wird *Natrium phosphoricum* eingesetzt bei:

- Beschwerden, die nach Fettgenuß auftreten (Aufstoßen und Blähungen)
- Nierenentzündungen, Gelbsucht
- Hautfinnen, Mitessern, Fettleibigkeit
- Nervenschmerzen, Neuralgien

- Rheuma, Gicht, Hexenschuß und Ischias (im Wechsel mit *Magnesium phosphoricum* und *Natrium chloratum)*
- Krankheiten, deren Ursache überschüssige Milchsäure ist
- Sodbrennen, saurem Aufstoßen, Erbrechen
- saurem Schweiß
- Erbrechen saurer, käsiger Massen
- gelblichgrünem, übelriechendem Durchfall kleiner Kinder

Mangelbegünstigende Faktoren

Viele Dinge, die unseren »normalen« Lebenswandel ausmachen, kann man als Säurebildner bezeichnen: Sie sind in hohem Maße *Natrium-phosphoricum*-Räuber. Hier eine Aufzählung der häufigsten Lebensmittel, die als Säurebildner gelten: harter Alkohol, Kaffee, schwarzer Tee, tierische Fette, Fleisch, Süßigkeiten, fetter Käse, Eier, Fisch.

Homöopathische Vergleichsmittel

Lycopodium, Chelidonium, Colchicum

Nr. 10 Natrium sulfuricum

Natrium sulfuricum hat die Eigenschaft, die überschüssige, mit Stoffwechselschlacken angereicherte Gewebsflüssigkeit schnell aus dem Körper zu schaffen. Es erhöht die Nieren- und Blasentätigkeit, beeinflußt die Funktion des Darmes, besonders des Dickdarms, der Leber und der Bauchspeicheldrüse. Es befindet sich eher in den Gewebsflüssigkeiten als in den Zellen.

Natrium sulfuricum

- entzieht abzubauenden Stoffen das Wasser und bringt sie somit zum Zerfall
- unterstützt deren Ausscheidung durch Anregung der Nerven- und Schleimhautzellen
- regelt die Absonderung des Gallensaftes und die Tätigkeit des Darms, besonders des Dickdarms
- unterstützt die Funktion der Leber und beeinflußt die Tätigkeit der Bauchspeicheldrüse, insbesondere den Zuckerauf- und -abbau in der Leber
- erhöht die Nieren- und Blasentätigkeit
- löst Harnsäure

Wirkung auf der seelischen Ebene

Thema: Ich lasse Altes los. Ich fördere aktiv meinen Wachstumsprozeß.

Auch im übertragenen Sinne ist *Natrium sulfuricum* das Hauptausscheidungsmittel. Es sorgt bei der seelischen Entfaltung dafür, Überflüssiges und Belastendes loszulassen. Ebenso wie körperliche Nahrung, die wir aufgenommen haben, wird geistige Nahrung zerkleinert und verdaut und Überflüssiges wieder ausgeschieden. Hat man einen Entwicklungsschritt vollzogen, sollte man nicht ewig daran festhalten. Nach der Verdauung dieses Schrittes muß Überflüssiges ausgeschieden werden – neue Lebensräume eröffnen sich. Jedoch ist hier nicht zu verweilen; die Erkenntnisse werden verarbeitet und als neuer Ausgangspunkt für weitere Schritte genommen. Sind diese Räume der gegenwärtigen Situation nicht dienlich, stehen neue Schritte an.

Natrium-sulfuricum-Mangel entsteht vor allem durch regelmäßigen Alkoholgenuß und reine Rohkosternährung. Menschengruppen mit diesen Lebensgewohnheiten haben ein gemeinsames Muster. Sie verdrängen, daß ihr Tun keine dauerhafte Lösung ist. Der Alkoholkonsument übersieht, daß Alkohol nicht die Bewältigung seiner Schwierigkeiten darstellt, reine Rohkostler lassen oft außer acht, daß Rohkost allein nicht für jeden eine gesunde Ernährung ist. Aber er versucht, alle von dieser phantastischen Ernährungsweise zu überzeugen.

Patienten, die einen hohen Mangel an *Natrium sulfuricum* aufweisen, zeigen wenig Bereitschaft zur Erneuerung. Man kann mit ihnen über ihre Schwierigkeiten reden, sie verstehen auch, was man ihnen sagt, sie setzen es jedoch nicht in der Konsequenz um. Sie fahren sozusagen ihren Müll immer im Kreis und kommen nicht zu einer tatsächlichen Reinigung. Es steht also die Aufgabe an, Dogmen und Prinzipien zu überprüfen und gegebenenfalls zu erneuern.

Psychische Merkmale

Personen mit einem ausgeprägten Mangel an *Natrium sulfuricum* wirken schweigsam und kontaktarm. Sie neigen zu Melancholie, Depressionen und mangelnder Lebensfreude.

Meridianzuordnung

Das biochemische Mittel *Natrium sulfuricum* ist dem Herzmeridian zugeordnet. Unausgewogenheiten dieses Meridians führen zu Zorn und Ärger. In seinem balancierten Zustand wird Liebe und Vergebung gelebt.

Zorn ist definiert als ein Unbehagen des Geistes mit der Absicht nach Vergeltung, nachdem wir verletzt wurden. Vor allem bei herzkranken Patienten findet man meistens den Zorn neben anderen Gefühlen, die diesem Meridian zugeordnet werden. Die Störung dieses Meridians signalisiert einen dringenden Handlungsbedarf in punkto Vergebung. Diese Vergebung muß nicht die Außenwelt betreffen – es kann hierbei ebenso eine Versöhnung mit sich selbst erforderlich sein.

Affirmationen

Ich liebe.
Ich verzeihe.
Ich bin versöhnlich.

Der Natrium-sulfuricum-Typ

Ein Mensch dieses Typs neigt zu folgenden Erscheinungs- und Krankheitsbildern:

Atemtrakt: Erkältungskrankheiten infolge einer Durchnässung, Schnupfen, lockerer Husten mit Schmerzen vor allem in der linken Brustseite, Entzündungen des linken Lungenflügels, Schleimrasseln, Schleimhusten

Augen: Trockenheitsgefühl in den Augen, Lichtscheue durch Entzündungen der Augen, Bindehautentzündungen mit gelblichen Absonderungen schwacher, fettleibiger Typ, häufig mit Leberstörungen

Harnwege: Blasenentzündungen, Bettnässen

Haut: Gelbsucht bei entzündlichen Lebererkrankungen, Bartflechte, Flecken im Gesicht, Warzen, nässender Ausschlag, Bläschenausschlag, chronische Abszesse, Hautjucken und Hautbrennen

Herz und Kreislauf: Leukämie (krankhafte Vermehrung der weißen Blutkörperchen), Neigung zu Nasenbluten mit Blutarmut, Wasseransammlungen im Gewebe (Ödeme) und/oder an den Fußgelenken, Venenentzündungen, »offene Beine«

Knochen und Gelenke: Mattigkeit und Kraftlosigkeit, Knacken in den Gelenken, Reißen und Ziehen in den Gliedern, linksseitige Hüftgelenksbeschwerden, stechender Fersenschmerz

Nervliche Verfassung: dumpfe Kopfschmerzen mit Schwindelgefühl, linksseitige Nervenschmerzen, die in heftigen Anfällen auftreten

Ohren: Mittelohrentzündung

Verdauungsorgane: bitterer Geschmack, schmutziger Zungenbelag, Bauchspeicheldrüsenentzündung (Pankreatitis), Zuckerkrankheit (Diabetes), Lebererkrankungen, Leberschwellung mit Völlegefühl und Schmerzen im Oberbauch, Gallenblasenentzündungen, Gallenkoliken

Antlitzdiagnose

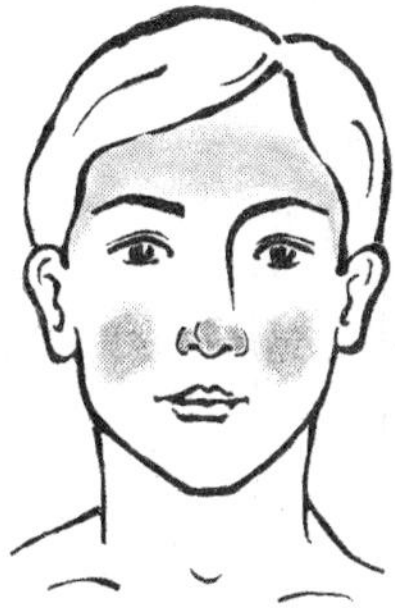

Ein Patient mit ausgeprägtem *Natrium-sulfuricum*-Mangel zeigt antlitzdiagnostisch entweder eine gelblichgrüne Farbe auf der Stirn oder eine entzündliche Röte auf Wangen und Nase. Der Mangel wird oft erst spät bemerkt, da er in den Beinen beginnt: Der Patient klagt über schwere Beine. Als zweite Phase sondert der Körper grüne Ausscheidungen ab. In der dritten Phase ist die gelblichgrüne Farbe im Gesicht zu erkennen.

Eine rote Nase und unstillbarer Durst sind weitere Zeichen für einen *Natrium-sulfuricum*-Mangel. Bei einer Leberzirrhose zeigen sich besonders im Bereich der Stirnhöcker und hinter den Ohren deutliche rotblaue Verfärbungen.

Zungendiagnose

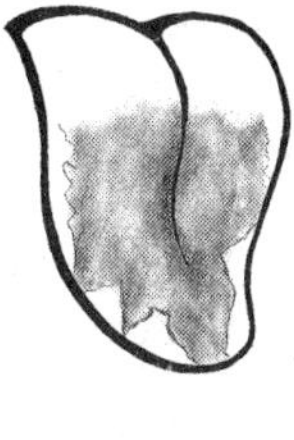

Die Farbe des Zungenbelags wirkt schmutzig. Die Farbe variiert zwischen gelblichgrün, grünlichgrau und graubraun. Der Geschmack ist gallig bitter. Die Zunge brennt gelegentlich wie mit Pfeffer bestrichen.

Absonderungen

Die zweite Stufe des *Natrium-sulfuricum*-Mangels zeigt sich durch grünlichgelbe Ausscheidungen, z. B. aus der Scheide, der Harnröhre, der Nase oder als Stuhlgang.

Anwendung

Die Beschwerden bei einem Mangel an *Natrium sulfuricum* sind: Schwere und Mattigkeit, zuerst in den Waden, Benommenheit im Kopf, Galleerbrechen, Galledurchfall, Ikterus (Gelbsucht) oder Selbstmordneigung.
Natrium sulfuricum wird eingesetzt:

- zur Vorbeugung gegen Grippe
- zur Ausscheidung von Giften aus dem Körper (siehe auch *Kalium chloratum, Magnesium phosphoricum, Natrium chloratum)*
- bei Unterschenkelgeschwülsten
- allgemein dort, wo Zellstoffwechselprodukte anfallen und nicht zur Ausscheidung gebracht werden. Solche Zustände zeigen sich im allgemeinen an Ernährungsschäden oder Verdauungsstörungen wie Durchfall, Verstopfung
- bei bitterem Mundgeschmack nach faulen Eiern
- Wasser im Körper, vor allem in den Beinen
- bei Benommenheit im Kopf
- bei Husten mit schwer löslichem Auswurf, Grippe, Schnupfen
- bei Rheuma

- bei Bettnässen
- bei Nierengrieß
- bei Störungen der Funktionen von Leber, Galle, Bauchspeicheldrüse, Dickdarm
- bei Stuhlverstopfungen mit schneidenden Bauchschmerzen
- bei Vermehrung der weißen und entsprechender Verminderung der roten Blutkörperchen
- bei erhöhtem Blutzucker (Diabetes mellitus – wenn noch kein Insulin gegeben wird)
- bei Wassersucht (bei Diabetes mellitus und Wassersucht ist *Natrium sulfuricum* mit *Natrium chloratum* im Wechsel zu geben)
- bei Patienten, die auch nachts im Bett nicht richtig warm werden

Mangelbegünstigende Faktoren

Rohkost, vor allem nach 18.00 Uhr verzehrt, erhöht den Mangel an *Natrium sulfuricum*, da es bei der Verdauung zur Gärung kommt und damit zu einer Alkoholisierung des Organismus. Die Gärung wird vor allem durch den gleichzeitigen Genuß von Süßigkeiten gefördert. Bei Diabetes liegt ein permanenter Mangel an *Natrium sulfuricum* vor. Wird zusätzlich zu den Medikamenten *Natrium sulfuricum* eingenommen, sollten mehrmals täglich Kontrollen durchgeführt werden, um eine Über- bzw. Unterzuckerung zu vermeiden.

Homöopathische Vergleichsmittel

Nux vomica, Dulcamara, Bryonia, Thuja

Nr. 11 Silicea

Silicea (Kieselsäure) ist ein Bestandteil des Bindegewebes, der Oberhaut, der Schleimhaut, der Haare, der Nägel, der Knochen und der Nerven. Es gibt diesen Geweben Festigkeit und Widerstandsfähigkeit und verhindert übermäßige Anhäufung von Stoffwechselschlacken. Es stellt den Gegenspieler von *Calcium Phosphoricum* und *Calcium fluoratum* dar.

Genau wie *Natrium phosphoricum* ist *Silicea* ein Mittel, das sehr langen Gebrauch erfordert. *Silicea* hält geschmeidig und sollte prophylaktisch genommen werden, um Alterungsprozessen vorzubeugen.

Silicea

- erhält die Funktion der Nervenfäden
- ist die anorganische Grundlage für das Bindegewebe
- gibt dem Gewebe Festigkeit, elastische Härte, Widerstandsfähigkeit und Glanz
- unterstützt den Aufbau der Haare und Nägel
- bildet Blutergüsse zurück und fördert die Abstoßung von Eiter und Verhärtungen
- reguliert die Schweißbildung
- steigert die Widerstandskraft

Wirkung auf der seelischen Ebene

Thema: Abgrenzung in klarer Form. Erkenne deine eigenen Grenzen. Wie gehe ich mit anderen um?

Silicea-Mangel macht sich durch eine gewisse Oberflächlichkeit bemerkbar. Er fordert zu klarer Stellungnahme auf. Die Eigenschaften des Bergkristalls, der aus *Silicea*

besteht, zeigen uns, was zu tun ist. Seine Klarheit in Form und Farbe steht für Offenheit, die jedoch eindeutig abgegrenzt ist.
Menschen mit *Silicea*-Mangel wollen sich nicht festlegen. Verantwortung zu übernehmen, vor allem bis in die letzte Konsequenz, fällt ihnen sehr schwer. Es besteht die Neigung, den Dingen ihren Lauf zu lassen und lieber den anderen die Schuld zu geben, als sie bei sich zu suchen. Der Mangel an *Silicea* zeigt eine Schwäche im Bereich der Kommunikation. Es geht nicht darum, mit möglichst vielen Personen sein Leid zu beklagen, sondern darum, mit Hilfe anderer Menschen Wege aus dem Leid zu finden, z. B. durch Trost, Stärkung, Heiterkeit, neue Ideen und anderes mehr. Das zweite Thema bei *Silicea*-Mangel ist die Abgrenzung. Betroffene neigen dazu, sich zu verausgaben und mit ihren Kräften Raubbau zu betreiben, ohne sich Schwächen einzugestehen. Durch das Anerkennen von Schwächen gibt der Mensch anderen die Möglichkeit, ihn in diesen Bereichen zu fördern und zu beschenken. Der Betroffene lernt auch etwas anzunehmen, wodurch er selbst Hilfe erfährt. Die eigenen Stärken können dort angeboten werden, wo sie andere unterstützen. Wenn jeder Mensch seine Kräfte in dem Bereich einsetzt, in dem seine Fähigkeiten am besten zur Geltung kommen, motiviert er damit andere, das gleiche zu tun. So kann im Ergebnis weit über die Möglichkeit des einzelnen hinausgegangen werden.

Psychische Merkmale

Der Mangel an *Silicea* zeigt sich auf der psychischen Ebene auf vielfältige Weise. Er kann durch schlechte Belastbarkeit, fixe Ideen, Grübeln oder Ängstlichkeit ebenso zum Ausdruck kommen, wie z. B. durch Lärmempfindlichkeit, Eigensinn oder Gedächtnisschwäche mit Konzentrationsmangel.

Meridianzuordnung

Das Mineralsalz *Silicea* ist dem Lungenmeridian zugeordnet. Ist dieser Meridian im Ungleichgewicht, ergeben sich Emotionen wie Intoleranz, Verachtung, Hohn, Geringschätzung, Hochmut und falscher Stolz oder die Neigung zu Vorurteilen.

Der Lungenmeridian steht in der chinesischen Lehre für das »Chi« der Lebensenergie. Mit Lebensenergie ist hier der Atem gemeint. Ein körperlicher Ausdruck für ein Ungleichgewicht des Lungenmeridians ist das »Von-oben-Herabschauen« oder das »Zurückwerfen« des Kopfes.

Im ausgeglichenen Zustand lebt der Mensch Demut, Toleranz und Bescheidenheit. Demütig zu sein bedeutet nicht, daß man alles hinnimmt und, wie es in der Bibel steht, die andere Wange hinhält, sondern daß man dienstbereit ist. Legt man also seine Intoleranz ab und lebt die Demut im dienstbereiten Sinn, sorgt man selber für einen Ausgleich des Lungenmeridians.

Affirmationen

Ich bin demütig (dienstbereit).

Ich bin bescheiden.

Der Silicea-Typ

Ein Mensch dieses Typs neigt zu folgenden Erscheinungs- und Krankheitsbildern:

Atemtrakt: verschleimte Bronchien, Auswurf, Kitzelhusten, »Steinhauerlunge« (Silikose)

Augen: Gerstenkörner, Verhärtungen der Augenlider, Lichtscheu

Haut: zarte, blasse, durchscheinende Haut, die überempfindlich, trocken, welk und runzelig ist, Hautrötungen, Hautjucken ohne äußere Anzeichen, Bläschenbildung, Gürtelrose, Herpes, eitrige Hauterkrankungen, Flechten, Pusteln, unangenehm riechender Schweiß, Haarausfall, Erkrankungen der Finger- und Fußnägel wie z. B. Brüchigkeit, Flecken, Verwachsung

Herz und Kreislauf: Arterienverkalkung, Lymphdrüsenentzündung und -verhärtung

Knochen und Gelenke: Knocheneiterungen und -fisteln,

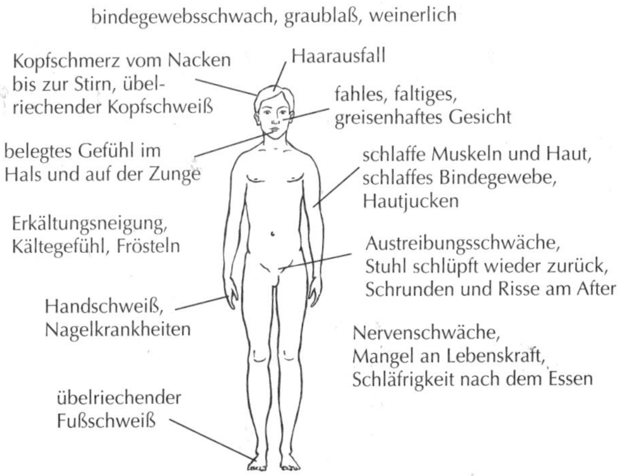

Knochenfraß, Gelenkentzündungen, gichtige Gelenke, Knorpel- und Knochenhautentzündungen

Nervliche Verfassung: nervös, leicht gereizt, geistige Arbeit strengt an und verschlimmert die Beschwerden, Unentschlossenheit, Nackenkopfschmerz, Migräne mit klopfendem Kopfschmerz (vorwiegend rechts), nächtliche Krampfanfälle, »Einschlafen« der Gliedmaßen

Verdauungsorgane: Verschlucken, Wechsel von Appetitlosigkeit und Heißhunger, Magenleiden

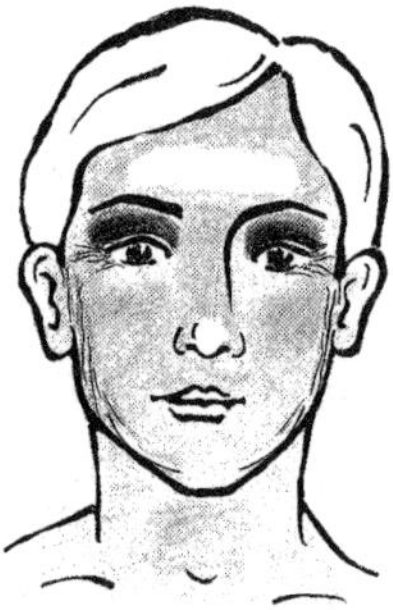

Antlitzdiagnose

Der Mangel an *Silicea* läßt sich auch für einen Laien leicht erkennen. Die Haut der Betroffenen zeigt einen Glasurglanz und wirkt hochpoliert. Dieser Glanz ist nicht abwischbar (vgl. den Fettglanz bei *Natrium phosphoricum*). Die Hautfarbe ist Grau.

Als erstes Zeichen zeigt die Nasenspitze den für *Silicea*-Mangel typischen Glanz. Später tritt er auch an den Wangen, Schienbeinen und Händen auf. Krähenfüße und Falten an den Augen und vor den Ohren sind ebenfalls wichtige Indikatoren für *Silicea*-Mangel; sie gelten als Zeichen der Hauterschlaffung. Patienten mit hohem *Silicea*-Mangel wirken hohläugig, da auch das Bindegewebe um die Augäpfel abgebaut wird. Bei einer regelmäßigen (nicht zu gering dosierten) Einnahme von *Silicea* läßt sich eine Regeneration der Haut beobachten. Sie glättet sich und wirkt dadurch jünger.

Zungendiagnose

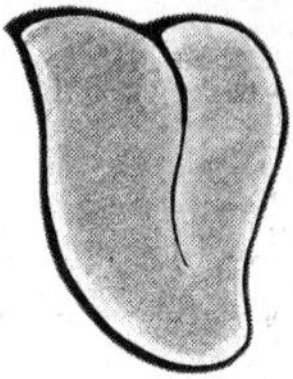

Der Zungenbelag, der mit dem *Silicea*-Mangel einhergeht, ist gelblich-bräunlich. Er zeigt sich vor allem morgens auf der Zunge und ist schleimig. Betroffene beschreiben einen seifigen Geschmack (nach Blut) oder ein Haargefühl auf der Zunge und häufigen Geschmackswechsel. Es kann aber auch ein Geschmacksverlust eintreten.

Absonderungen

Körperabsonderungen im Zusammenhang mit *Silicea*-Mangel sind im allgemeinen eitrig.

Anwendung

Einen Mangel an *Silicea* kennzeichnen alle Zustände, die langsam und chronisch verlaufen und die mit Ernährungsstörungen einhergehen. Solche Menschen sind bei jedem Luftzug leicht erkältet, allgemein schwächlich und müssen sich oft hinlegen. Allgemein bewirkt der Mangel an *Silicea* eine Verschlechterung der körperlichen Verfassung, Erschöpfung, Unterernährung und frühzeitige Alterung.

Weiterhin hilft *Silicea*

- bei Gereiztheit, Überempfindlichkeit, Gedächtnisschwäche
- bei Schreckhaftigkeit, unruhigem Schlaf, der keine Erholung bringt
- bei Kopfschmerzen, die am Hinterkopf, über den Augen oder in den Schläfen beginnen

- bei Empfindlichkeit der Augen gegen direkt einfallendes Licht
- bei Drüsenschwellungen, Verhärtungen, Vereiterungen
- gegen unreine Haut, Fisteln, Furunkel, Gerstenkörner
- bei Hautjucken
- bei Arterienverkalkungen
- bei Haarausfall, brüchigen und verkrüppelten Nägeln
- alte Ergüsse – wie Rippenfell-, Herzbeutel-, Bauchfell-, Gelenk- und Schleimbeutelergüsse – aufzusaugen
- bei Karies
- bei Knochenfisteln, -fraß, -hautentzündungen
- übelriechende Schweißabsonderungen zu normalisieren
- bei Verdauungsstörungen und eingeschränkter Tätigkeit des Mastdarms
- bei Organverschiebung, Wanderniere, Organvorfällen (Prolaps)

Mangelbegünstigende Faktoren

Die Säure des Körpers bindet *Silicea*. Daher wirken alle Säurebildner (Fleisch, Alkohol, Zucker etc.) mangelbegünstigend.

Homöopathische Vergleichsmittel

Sulfur, Phosphorus, Graphites, Thuja

Nr. 12 Calcium sulfuricum

Calcium sulfuricum ist das Lebenssalz, das bisher am wenigsten untersucht worden ist. Aus eigener Erfahrung möchte ich anmerken, daß mit der Dosierung dieses Salzes vorsichtig umgegangen werden sollte: Nicht mehr als 3 Tabletten täglich! Die Wirkung ist stark anregend, daher ist die Einnahme vor 16.00 Uhr zu empfehlen.

Calcium sulfuricum kommt vor allem in der Außenhaut von Leber, Herz, Milz und Gehirn vor, aber auch in der Galle, den Muskeln, Eierstöcken und Hoden.

Dr. Schüssler hat *Calcium sulfuricum* nur wenig beschrieben, da *Natrium phosphoricum* und *Silicea* einen fast vollständigen Ersatz bilden. Jedoch ist *Calcium sulfuricum* das geeignete Mittel zur Behandlung aller Eiterungsprozesse. Es regt den Stoffwechsel an und unterstützt die Blutgerinnung. Man wendet *Calcium sulfuricum* bei Abszessen, chronisch eitrigen Entzündungen der Nasennebenhöhlen, akutem und chronischem Rheumatismus und bei langwierigen Blasenerkrankungen an.

Calcium sulfuricum hält die Flüssigkeit vor zu raschem Ein- und Austreten ins bzw. aus dem Gewebe zurück, da es nur bedingt Wasser aufnimmt und säurefest ist. Es ist also in allen Schleimhäuten enthalten (Augen, Blase, Nase und Nebenhöhlen, Mund, Kehle, Speiseröhre, Magen, Darm etc.). Es kann auch bei verhärteten Drüsen von guter Wirkung sein.

Calcium sulfuricum

- hilft bei Gewebeerschlaffungen
- beseitigt Mattigkeitsgefühl

Wirkung auf der seelischen Ebene

Thema: Umgang mit der schöpferischen Kraft, Förderung der Kreativität, Abgrenzung nach außen

Calcium sulfuricum dient dem ausgewogenen Verhältnis zwischen dem Eintritt und dem Austritt von Flüssigkeit aus Organen und Geweben. Auch bei diesem Salz ist Abgrenzung ein wichtiges Thema. Der Mensch ist aufgefordert, seine Kräfte (ebenso wie das Salz) an den richtigen Orten einzusetzen. Die Kräfte sollten nicht zerfließen und vergeudet werden. Dazu zählt hier auch das Vertrauen, beispielsweise in eine gute Zukunft. Hat man dieses Vertrauen, neigt man dazu, zielgerichtet zu handeln. Man sieht die Schwierigkeiten des täglichen Lebens eher als Herausforderung seines Potentials. Wird dieses Potential in seiner vollen Breite genutzt, ist der Erfolg so gut wie vorprogrammiert. Kreative Fähigkeiten wie Malen, Zeichnen, handwerkliche Tätigkeiten, Basteln oder Schreiben sind dabei nicht außer acht zu lassen.

Psychische Merkmale

Eine Person mit einem hohen Mangel an *Calcium sulfuricum* fühlt sich häufig unverstanden und zurückgesetzt, was zu verstärktem Genuß von Alkohol und Nikotin und erhöhter Aggressionsbereitschaft führt.

Meridianzuordnung

Calcium sulfuricum ist dem Magenmeridian zugeordnet. In seiner ausgeglichenen Form steht dieser Meridian für Zufriedenheit. Ist der Magenmeridian nicht in Harmonie, beherrschen Enttäuschung, Gier und Ekel die Emotionen.

Eine »Ent«-Täuschung ist das Ende einer Täuschung, der man selbst erlegen ist. Enttäuschungen sind sehr eng an Erwartungen geknüpft. In meiner Praxis bemerke ich immer wieder, daß die Erwartungshaltung, ob in einer Partnerschaft, im Berufsleben oder in der Kindererziehung, das Ende der Harmonie bedeutet. Hat man die wirkliche Bedeutung des Begriffes Enttäuschung erfaßt, ist der erste Schritt zur wahren Zufriedenheit schon getan. Wichtige Fragen zur Erkenntnis der Enttäuschung lauten: Worin bestand meine Täuschung? Was hatte ich erwartet, ohne daß darüber jemals gesprochen wurde? Wo bestehen Unterschiede zwischen der Wirklichkeit und meinen Wünschen?

Wenn diese Fragen objektiv geklärt wurden, steht der Zufriedenheit meist nichts mehr im Weg.

Hat man eine Enttäuschung erfahren, neigt man im Gegenzug oft zur Gier, z. B. in der Annahme, nicht mehr genug zu bekommen.

Affirmationen

Ich bin zufrieden.

Ich bin gelassen.

Der Calcium-sulfuricum-Typ

Ein Mensch dieses Typs neigt zu folgenden Erscheinungs- und Krankheitsbildern:

Atemtrakt: Stockschnupfen mit eitrigen Absonderungen, Fließschnupfen, Nasenscheidewand-Entzündungen, einseitige Absonderungen aus der Nase, Stirn- und Kieferhöhlenvereiterungen, eitrige Mandel- und Hals-

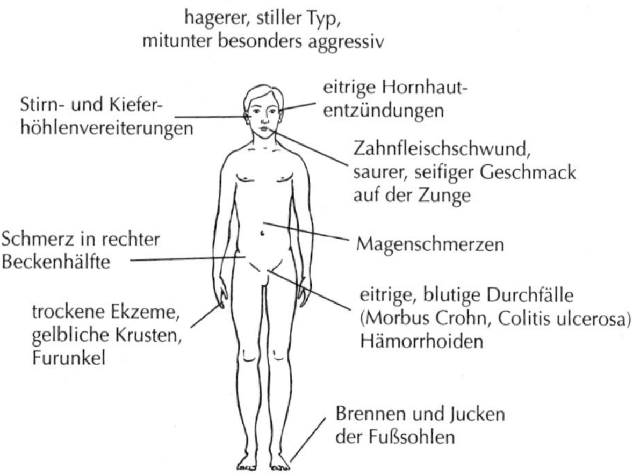

entzündungen mit Absonderungen, Husten mit eitrigem Auswurf, chronische Bronchitis

Augen: eitrige Hornhautentzündungen

Haut: häufige blaue Flecken, Schnittwunden, Prellungen, eitrige Hautentzündungen, Neurodermitis bei Kindern, Furunkulose, trockene Ekzeme mit gelben Absonderungen, Abszeßbildung

Nervliche Verfassung: Brennen und Jucken der Fußsohlen, Schwäche und Mattigkeit, Zuckungen der Glieder, Schlaflosigkeit

Ohren: Schwerhörigkeit mit Eiterabsonderungen aus dem Mittelohr, Ohrtrompetenkatarrhe

Verdauungsorgane: Verlangen nach anregenden Speisen und Getränken, Mundschleimhautentzündungen, Zahnfleischbluten und -schwund, Fisteln, wunde Lippeninnenseiten, seifiger Geschmack auf der Zunge, Schmerz in der Lebergegend mit anschließender Übelkeit, Hämorrhoiden, eitrige blutige Durchfälle (Morbus Crohn, Colitis Ulcerosa), Durchfall nach Wetterwechsel

Antlitzdiagnose

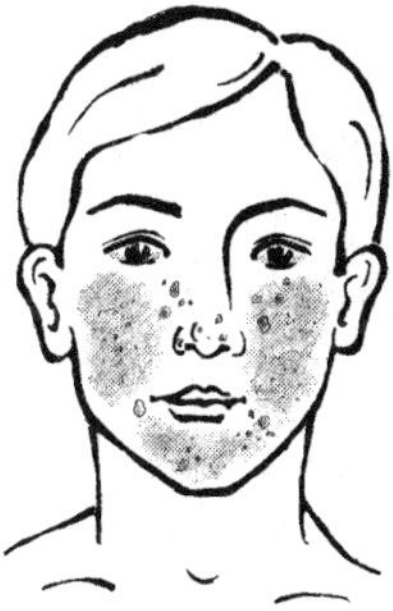

Ein deutlicher Hinweis auf einen Mangel an *Calcium sulfuricum* sind unreine Haut, Akne und Eiterpickel. Vermehrte Augenentzündungen mit eitrigen Ausscheidungen sind ebenfalls ein Hinweis auf fehlendes *Calcium sulfuricum.* Die Färbungen reichen von gelblich- bis schmutziggrau oder wächsern und ziehen sich über das ganze Gesicht. Häufig sind auch Alterspigmente ein Zeichen des Mangels an *Calcium sulfuricum.*

Zungendiagnose

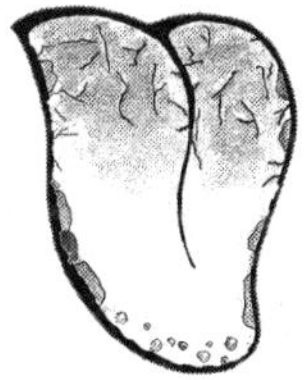

Die Zunge neigt bei einem Mangel an *Calcium sulfuricum* zur Blasenbildung. An den Lippen gibt es ein Wundheitsgefühl. Vor allem am Zungenrand findet man schmerzhafte Geschwüre. Die Zunge selbst sieht im hinteren Bereich aus, als wäre sie mit getrocknetem Lehm überzogen. Der Geschmack wird mit sauer, bitter oder seifig beschrieben.

Absonderungen

Die Absonderungen der Körperöffnungen bei *Calcium-sulfuricum*-Mangel zeigen sich als Krustenbildung und dickem gelbem Eiter.

Anwendung

Calcium sulfuricum wird eingesetzt bei:

- Ausheilung von Eiterungsprozessen mit dicken, gelben, klumpigen Absonderungen
- Hauterkrankungen wie Akne, Schuppenflechte, Abszessen, Pickeln, Lupus vulgaris, Gürtelrosen
- Nagelbettvereiterungen
- Allergien
- Abneigungen gegen Fleisch, Kaffee, Milch
- Verlangen nach alkoholischen und kalten Getränken, nach Saurem, Süßem, Most und Wein
- Blasen- und Nierenentzündungen
- Drüsenverhärtungen
- Leistenbruch, Nabelbruch
- Unterleibsvereiterungen

Begleitend zur ärztlichen Verordnung kann *Calcium sulfuricum* auch eingesetzt werden bei:

- Gonorrhoe, Syphilis im eitrigen Stadium
- Tuberkulose im fortgeschrittenen Stadium
- bakterieller Lungenentzündung
- Unfruchtbarkeit

Mangelbegünstigende Faktoren

Wie bei fast allen biochemischen Salzen zählen auch hier zu den mangelbegünstigenden Faktoren Alkohol und Nikotin.

Homöopathisches Vergleichsmittel

Hepar sulfuris

Biochemische Salben nach Dr. Schüssler

Die zuvor beschriebenen Lebenssalze Dr. Schüsslers gibt es auch als Salben. Ihre Wirkung wird hierbei durch das Auftragen an der entsprechenden Stelle erzielt, denn die Mineralsalze werden durch die Haut aufgenommen. Da eine gestörte Haut immer eine Fehlfunktion im Inneren anzeigt, sollte zusätzlich zur Salbe das entsprechende Salz durch Einnahme angewandt werden.

Wirkung der Salben auf und durch die Haut

Die Haut bedeckt die ganze äußere Körperfläche und ist das Organ mit der größten Ausdehnung. Das seelische und das körperliche Befinden spiegeln sich auf der Haut wider, ebenso äußere Einflüsse und Umweltbelastungen. Alle Faktoren bewirken eine Veränderung der Haut, innerlich und äußerlich. Oft ist sie Schauplatz vieler Erkrankungen.

Die Haut besteht – in vereinfachter Beschreibung – aus drei Schichten: Oberhaut (Epidermis), Lederhaut (Corium oder Dermis) und Unterhautbindegewebe (Subcutis).

Die Oberhaut dient als Schutzschicht; sie ist hauptsächlich aus Hornstoff (Keratin) aufgebaut und neigt zu Ver-

härtung und Rissen. Sie ist normalerweise von einem Säuremantel überzogen.
In der Lederhaut befinden sich feine Blutgefäße, die in Bindegewebe, elastische Fasern und glatte Muskelfasern eingebettet sind.
Das Unterhautbindegewebe beinhaltet Fettdepots und dient der Verschieblichkeit der Haut; außerdem schützt die Unterhaut die darunterliegenden Organe vor Kälte, Schlag und Druckverletzungen.
Die biochemischen Salben nun wirken mit ihren Inhaltsstoffen in allen Hautschichten, da der Wirkstoff auch hier zum Ort der geringsten Konzentration gezogen wird (siehe auch das Kapitel: »Wirkungsweise der Salze«).
Die Haut ist in der Lage, lebenswichtige Stoffe wie die Mineralsalze zu speichern und sie bei Bedarf wieder für andere Organe freizugeben.
Badezusätze, Seifen und Shampoos mit einem zu hohen Säuregehalt schwächen den Säuremantel der Haut. Störungen dieses Schutzmantels verursachen Hautunreinheiten aller Art, Pickel oder Rötungen, und oft treten Juckreiz oder Entzündungen auf. Hier haben sich die biochemischen Salben bereits vielfach bewährt. Doch über die nachfolgend beschriebenen Wirkungen hinaus können sie auch als spezifische Massagecremes verwendet werden.

Nr. 1 Calcium-fluoratum-Salbe

wird eingesetzt

- bei schwärzlichen und rötlichen Hautveränderungen (Warzen, Schwielen, Streifen)
- als Massagemittel bei Verhärtungen
- bei Knochenverletzungen
- bei Knochenhautentzündungen
- für Narben (auch verhärtete) zur Wiederherstellung der Elastizität
- bei Hornhautbildung, Rissen und Schrunden
- bei Hämorrhoiden, Krampfadern, Besenreiservenen
- bei Verhärtung der Lymphknoten
- bei allgemeiner Bänderschwäche

Nr. 2 Calcium-phosphoricum-Salbe

wird eingesetzt

- bei allen perlmuttfarbenen (weißlich mattschimmernden) Hautveränderungen (auch Pickel, weiße Hautflecken), z. B. bei Psoriasis, bei eitrigen Hautausschlägen
- zum Muskelaufbau, ist daher ein ausgezeichnetes Mittel zur Kräftigungsmassage bei chronischen Leiden
- bei Skoliose (rechts und links der Wirbelsäule einreiben)
- zur Entkrampfung
- bei Migräne (Einreiben des Nackens und des Schulterdreiecks)

- nach Knochenbrüchen für den Knochenaufbau
- bei Schiefhals
- bei Gelenkergüssen und Gelenkschwäche bei Kindern

Nr. 3 Ferrum-phosphoricum-Salbe

wird eingesetzt

- bei allen roten Hauterscheinungen mit Schmerz und Verdickung
- bei Verbrennungen mit geschlossenen Blasen in Verbindung mit *Natrium chloratum*; dieses Salz verhindert das Nässen der Wunde und wirkt zellaufbauend. Ist die oberste Hautschicht zerstört, darf *Ferrum phosphoricum* nur als Pastille verwendet werden!
- bei Verletzungen allgemein wie Quetschungen, Verstauchungen
- bei juckenden und nesselsuchtartigen Ausschlägen
- bei kalten Füßen als gutes Massagemittel

Ist die Wunde offen, wird *Ferrum phosphoricum* und *Natrium chloratum* in Form von Tabletten gelutscht und dann als Brei auf die Wunde aufgetragen.

Nr. 4 Kalium-chloratum-Salbe

wird eingesetzt

- bei allen Hautveränderungen mit weißbläulicher Farbe (»leichenblaß«)
- für Verletzungen im zweiten Entzündungsstadium

- bei Verletzungen mit nachfolgender Schwellung
- bei trockenen Ausschlägen wie z. B. Kopfschuppen und Schuppenflechte
- bei Warzen oder Hühneraugen
- bei herpesartigen Ausschlägen mit entzündeten Bläschen
- bei dicken Gefäßen (durch Blutverdickung), die durch die Haut schimmern oder Krampfadern
- Psoriasis
- Schleimbeutelentzündung

Nr. 5 Kalium-phosphoricum-Salbe

wird eingesetzt
- bei faulenden Wunden mit grauem Sekret durch Gewebszerfall
- bei schlecht heilenden offenen Wunden
- bei nesselsuchtartigen Hautausschlägen
- bei Haarausfall
- bei Gangrän
- bei allgemein schlecht heilenden Wunden mit gelblichen Absonderungen
- für eine leichte Massage bei Nervenschmerzen und bei Muskelschwäche

Zusätzlich zur ärztlich verordneten Therapie:
- bei beginnendem Gasbrand
- bei Diphtherie
- bei Polio

Nr. 6 Kalium-sulfuricum-Salbe

wird eingesetzt

- bei braungelblichen Flecken, z. B. Altersflecken, oder zur schnelleren Abheilung von Wunden
- bei Leberflecken, Muttermale
- bei knötchenartigem Ausschlag
- bei eitrigem Bläschenausschlag
- Psoriasis
- bei Hautjucken
- bei Lidrandentzündung
- bei rheumaartigen Nacken-, Rücken- und Gliederschmerzen
- bei wandernden rheumatischen Schmerzen
- bei harter, trockener Haut mit Hautbrennen

Nr. 7 Magnesium-phosphoricum-Salbe

wird eingesetzt

- bei typischen »Magnesium-Rotfärbungen« der Haut
- bei reißenden Schmerzen
- bei Hautjucken (vor allem im After)
- bei Nervenschmerzen mit bohrendem oder stechendem Charakter
- zur Regulierung aller Drüsenfunktionen infolge von Verkrampfungen
- bei Durchblutungsstörungen
- bei Hyper- und Hypothyreose zum Einreiben der Schilddrüse

Nr. 8 Natrium-chloratum-Salbe

wird eingesetzt

- bei Wasseransammlungen
- bei Bläschen an den Lippen
- bei Gelenkwasser
- bei Ödemen
- bei Ergüssen und teigigen Schwellungen in Gelenken
- bei Verbrennungen mit Blasenbildung (siehe auch Ferrum-phosphoricum-Salbe)
- bei wäßrigen Flechten
- bei Insektenstichen
- bei Gürtelrose
- bei Akne, Mitessern
- bei Hautpilzerkrankungen
- bei Afterfissuren
- bei Nagelfalzeiterungen
- bei Wundsein von Kindern

Nr. 9 Natrium-phosphoricum-Salbe

wird eingesetzt

- bei Hautablagerungen mit honiggelben Absonderungen
- bei allen Ablagerungen in Gelenken, wie z. B. Gicht, Rheuma, Arthrose
- bei Milchschorf, Akne, Furunkulose
- bei Halsdrüsenentzündungen
- bei Wundrose
- bei beginnender Brustdrüsenentzündung

Nr. 10 Natrium-sulfuricum-Salbe

wird eingesetzt

- bei grünlichgelben Hautveränderungen
- bei eitrigen Ausschlägen mit gelblich-wäßrigem Bläscheninhalt
- bei Galleabflußstörungen
- bei Hautpilzveränderungen
- bei Nervenschmerzen

Nr. 11 Silicea-Salbe

wird eingesetzt

- als Massagecreme bei Elastizitätsverlust der Sehnen oder des Binde- und Stützgewebes
- als Nährcreme bei trockener Haut mit Faltenbildung
- bei Lymphabflußstörungen
- bei Geschwülsten
- zum Ausreifen von Eiterungen
- bei nässenden Ekzemen an Händen und Füßen

Nr. 12 Calcium-sulfuricum-Salbe

wird eingesetzt

- bei Nesselausschlag

Ausgewählte Anwendungsbereiche der Salben

Symptome	*Salben*
Afterjucken	Nr. 2 *Calcium phosphoricum* Nr. 7 *Magnesium phosphoricum* Nr. 8 *Natrium chloratum*
Akne	Nr. 8 *Natrium chloratum* Nr. 9 *Natrium phosphoricum* Nr. 11 *Silicea*
Bandscheiben-beschwerden	Nr. 8 *Natrium chloratum*
Beingeschwüre mit hartem Rand	Nr. 1 *Calcium fluoratum* Nr. 11 *Silicea*
Bindegewebsschwäche	Nr. 1 *Calcium fluoratum* Nr. 11 *Silicea*
Bluterguß bräunlich, grün	Nr. 6 *Kalium sulfuricum*
Bluterguß, blaurot	Nr. 1 *Calcium fluoratum* Nr. 3 *Ferrum phosphoricum*
Eiterpusteln	Nr. 11 *Silicea*
Falten, schlaffe Haut	Nr. 11 *Silicea*
Furunkel	Nr. 9 *Natrium phosphoricum* Nr. 11 *Silicea* Nr. 12 *Calcium sulfuricum*
Geschwüre	Nr. 5 *Kalium phosphoricum*
Gicht, akut	Nr. 3 *Ferrum phosphoricum*
Gichtknoten	Nr. 9 *Natrium phosphoricum*
Hämorrhoiden	Nr. 1 *Calcium fluoratum* Nr. 2 *Calcium phosphoricum* Nr. 7 *Magnesium phosphoricum* Nr. 11 *Silicea*

Symptome	*Salben*
Herzkrämpfe	Nr. 1 *Calcium fluoratum* Nr. 7 *Magnesium phosphoricum*
Hexenschuß	Nr. 1 *Calcium fluoratum* Nr. 3 *Ferrum phosphoricum* Nr. 11 *Silicea*
Hühneraugen	Nr. 9 *Natrium phosphoricum* Nr. 10 *Natrium sulfuricum*
Insektenstiche	Nr. 8 *Natrium chloratum* Nr. 9 *Natrium phosphoricum*
Ischias	Nr. 5 *Kalium phosphoricum* Nr. 7 *Magnesium phosphoricum*
Juckreiz	Nr. 6 *Kalium sulfuricum*
Knochenheilung, Unterstützung	Nr. 2 *Calcium phosphoricum*
Kopfschmerzen mit Knirschen im Hals	Nr. 11 *Silicea*
Krampfadern	Nr. 1 *Calcium fluoratum* (versetzt mit Beifußöl)
Lidrandentzündung	Nr. 1 *Calcium fluoratum* Nr. 6 *Kalium sulfuricum*
Lymphknotenverhärtung	Nr. 1 *Calcium fluoratum*
Milchschorf	Nr. 2 *Calcium phosphoricum* Nr. 9 *Natrium phosphoricum* Nr. 10 *Natrium sulfuricum*
Mitesser	Nr. 9 *Natrium phosphoricum*
Mumps	Nr. 4 *Kalium chloratum*
Nackensteifheit	Nr. 1 *Calcium fluoratum* Nr. 3 *Ferrum phosphoricum* Nr. 6 *Kalium sulfuricum* Nr. 11 *Silicea*

Symptome	*Salben*
Nässendes Ekzem	Nr. 10 *Natrium sulfuricum*
Nesselausschlag	Nr. 3 *Ferrum phosphoricum* Nr. 5 *Kalium phosphoricum* Nr. 10 *Natrium sulfuricum* Nr. 12 *Calcium sulfuricum*
Psoriasis	Nr. 3 *Ferrum phosphoricum* Nr. 4 *Kalium chloratum* Nr. 6 *Kalium sulfuricum* Nr. 7 *Magnesium phosphoricum*
Rheumatische Gelenkschwellung	Nr. 9 *Natrium phosphoricum*
Rissige Haut	Nr. 1 *Calcium fluoratum*
Schwangerschaftsstreifen, vorbeugend	Nr. 11 *Silicea*
Sehnenscheidenentzündung	Nr. 3 *Ferrum phosphoricum* Nr. 6 *Kalium sulfuricum* Nr. 11 *Silicea*
Trockene Haut	Nr. 8 *Natrium chloratum*
Überbein	Nr. 1 *Calcium fluoratum* (Langzeitbehandlung)
Verrenkung	Nr. 3 *Ferrum phosphoricum* Nr. 4 *Kalium chloratum* Nr. 11 *Silicea*
Wadenkrampf	Nr. 7 *Magnesium phosphoricum*
Wundliegen	Nr. 3 *Ferrum phosphoricum*
Zerrung	Nr. 1 *Calcium fluoratum* Nr. 6 *Kalium sulfuricum* Nr. 3 *Ferrum phosphoricum*

Einnahmearten, Dosierung und ergänzende Hinweise

Dr. Schüssler vertrat die Idee, daß es ausreicht, nur ein Mineralsalz zu verabreichen – und zwar jenes, das dem jeweiligen Konstitutionstyp entsprach (siehe die Beschreibung bei den einzelnen Salzen). Da jedoch die Belastungen vielfacher Art sind, werden heute auch Kombinationen aus mehreren Mineralsalzen verordnet.
Werden beispielsweise durch Antlitzdiagnose drei oder vier fehlende Salze festgestellt, hat man mehrere Möglichkeiten, diese Mängel abzubauen.

Dosierung

Über die Einnahmemengen der Salze gibt es sehr unterschiedliche Angaben. Die hier genannten Mengen sind Erfahrungswerte aus meiner Arbeit mit den Salzen. Insgesamt sind die Dosierungen heute höher als zu Dr. Schüsslers Zeiten, da die wachsenden Umweltbelastungen, falsche Ernährung und aufreibende Lebensgewohnheiten den Mangel begünstigen.
Bei der Einnahme können mehrere Salze kombiniert werden. Die einzelnen Bestandteile werden an die Stellen im Organismus befördert, wo die geringste Konzentration an Mineralsalzen herrscht bzw. der Bedarf am höchsten ist. Grundsätzlich sollten die Pastillen mög-

lichst lange im Mund behalten werden, da sie bereits hier über die Schleimhaut vom Körper aufgenommen werden können und zu wirken beginnen. In akuten Fällen nimmt man alle 5 Minuten 1 bis 2 Tabletten, in chronischen Fällen 3- bis 6mal täglich 1 bis 6 Tabletten eine halbe Stunde vor oder mindestens eine Stunde nach dem Essen.

Kinder bis 6 Jahre lutschen täglich 1 bis 2 Pastillen, von 7 bis 12 Jahren 3 bis 6 Pastillen täglich.

Für Säuglinge kann eine Pastille zerrieben und mit in das Fläschchen gegeben werden, oder das Pulver wird dem Kind direkt auf die Zunge gelegt.

»Schrotschuß«-Methode

Die erste Möglichkeit ist die sogenannte »Schrotschuß«-Methode. Je nach Ausprägung des Mangels werden die verschiedenen Salze zu einer Tagesdosis von je etwa 25 Pastillen zusammengestellt.

Es hat sich als praktikabel erwiesen, die gesamte Tagesration in eine Dose zu geben. Man kann so den Tag über eine Pastille nach der anderen im Mund zergehen lassen – die Dose muß am Abend leer sein.

Diese Art der Einnahme geht über mehrere Tage; es erübrigt sich dabei, nach der Methode »Dreimal täglich« vorzugehen.

Täglicher Salzwechsel

Die zweite Möglichkeit besteht darin, jeden Tag nur ein bestimmtes Salz zu nehmen und am nächsten Tag zu wechseln. Dem Körper wird damit Gelegenheit gegeben, sich intensiv mit einem bestimmten Salz auseinanderzusetzen. Der Vorteil besteht darin, daß man Reaktionen auf ein Salz eindeutig zuordnen kann.

Einschleichen

Bei besonders sensiblen Patienten kann man durch eine schleichende Zugabe die Wirkung der Lebenssalze beobachten. Dies bedeutet: Man gibt 5 bis 7 Tage lang 1 bis 2 Pastillen täglich, im Anschluß 5 Tage lang bis zu 6 Pastillen; in der dritten Woche sollte die Schlußdosis (bis zu 25 Stück täglich) erreicht sein. Es ist auch zu erwägen, zunächst mit nur einem einzelnen Mineralsalz zu beginnen und erst dann ein weiteres Salz zuzuführen, wenn man die Schlußphase des vorhergehenden erreicht hat.

Einnahmezeiten

Die Wirkung der Salze kann unterstützt werden, indem man die Salze zu besonders günstigen Tageszeiten einnimmt. Diese Zeiten ergeben sich zum einen aus dem Wirkungsbereich der Salze, zum anderen spielt die körpereigene Organuhr eine Rolle. Jedes Organ hat eine fe-

ste Zeit, in der es besonders aktiv ist. Sie beträgt etwa zwei Stunden pro Tag. Wer beispielsweise nachts immer zu einer bestimmten Zeit wach wird, kann über die »Organuhr« einen Hinweis auf das für die Störung möglicherweise verantwortliche Organ bekommen.
In der folgenden Tabelle erhalten Sie einen Überblick über die günstigsten Einnahmezeiten der Mineralsalze.

Einnahmezeiten	*Name des Salzes*
06.00 bis 17.00 Uhr	*Calcium fluoratum* D12
08.00 bis 11.00 Uhr 15.00 bis 19.00 Uhr	*Calcium phosphoricum* D6
06.00 bis 14.00 Uhr	*Calcium sulfuricum* D6
06.00 bis 09.00 Uhr 15.00 bis 17.00 Uhr	*Ferrum phosphoricum* D12
06.00 bis 23.00 Uhr	*Kalium chloratum* D6
06.00 bis 11.00 Uhr	*Kalium phosphoricum* D6
16.00 bis 23.00 Uhr	*Kalium sulfuricum* D6
19.00 bis 23.00 Uhr	*Magnesium phosphoricum* D6
08.00 bis 10.00 Uhr 12.00 bis 15.00 Uhr 20.00 bis 22.00 Uhr	*Natrium chloratum* D6
06.00 bis 23.00 Uhr	*Natrium phosphoricum* D6
13.00 bis 16.00 Uhr	*Natrium sulfuricum* D6
06.00 bis 23.00 Uhr	*Silicea* D12

Erstreaktionen

Meist entstehen keine Reaktionen bei der ersten Einnahme der Salze. Eine sogenannte Erstverschlimmerung tritt auf, wenn eine Organfunktion durch den Mineralmangel für längere Zeit eingeschränkt war. Die Gabe der Salze verbessert die Funktion der Organe, doch es kann in den ersten Tagen der Einnahme zu Müdigkeit, Hautausschlägen oder springenden Schmerzen kommen. Das sind durchaus positive Reaktionen, da sie ein Zeichen dafür sind, daß der Organismus sich in Bewegung gesetzt hat. Schlacken und Giftstoffe werden dabei vermehrt in den Organismus geschleust; sie erhöhen vorübergehend die Belastung des lymphatischen Systems, der Leber und der Nieren. Es ist sehr wichtig, daß während der Einnahme der Salze reichlich Wasser (am besten ohne Kohlensäure) getrunken wird: Das mindert die Schlackenkonzentration, und der »Giftmüll« wird leichter abtransportiert.

Zur Gesunderhaltung

Werden die Salze zur Gesunderhaltung – also ohne Mangelsymptome oder Erkrankung – angewandt, so sind die Mondphasen zu berücksichtigen. Bei zunehmendem Mond sollten Salze zugeführt werden, die aufbauend wirken: *Calcium fluoratum, Calcium phosphoricum, Ferrum phosphoricum, Kalium phosphoricum* und *Silicea*; bei abnehmendem Mond stehen dann die Salze, die eine Entgiftungsfunktion übernehmen, zur Einnahme an: *Kalium chloratum, Kalium sulfuricum, Magnesium phosphoricum, Natrium chloratum, Natrium phosphoricum, Natrium sulfuricum* und *Calcium sulfuricum.*

Bei Milchzuckerunverträglichkeit

Bei Milchzuckerunverträglichkeit hat sich die Einnahme der Tabletten in Wasser bewährt. Hierzu wird die erforderliche Menge in ein halbes Glas lauwarmes Wasser gegeben und nicht umgerührt. Nach einigen Minuten haben sich die Mineralstoffe in Wasser aufgelöst; der Milchzucker bleibt bei der Einnahme größtenteils am Glasboden zurück.
Man kann bei Milchzuckerunverträglichkeit auch auf die alkoholisch aufbereiteten Tropfen ausweichen. Sie werden ebenfalls mit etwas Wasser eingenommen. Die Lösung sollte einige Zeit im Mund verweilen, damit die Mineralsalze direkt über die Schleimhaut aufgenommen werden können. So wird der gleiche Effekt erreicht wie bei den Pastillen: Die Minerale gelangen ohne Umwege über den Magen direkt in den Körper.

Mineralien und andere Medikamente

Die biochemischen Mittel wirken harmonisierend auf den Organismus. Sie sind mit jeder Art anderer Medikamente und auch anderen Therapieformen bedenkenlos zu kombinieren.

Iso-Bikomplexmittel

Iso-Bikomplexmittel sind Kombinationspräparate aus mehreren unterschiedlichen Lebenssalzen. Diese Mittel erleichtern dem Patienten die Einnahme und sind nicht nur aus Kostengründen empfehlenswert: Bei hohen Mängeln ergibt sich nach einiger Zeit eine Einnahmemüdigkeit. Hier können Iso-Bikomplexmittel ihren Einsatz finden.

Es gibt 30 Mittel, die ebenfalls durchnumeriert sind. In der Tabelle unten finden Sie eine Übersicht, welche Salze in den einzelnen Präparaten enthalten sind. Das zwölfte Salz, *Calcium sulfuricum*, ist hier nicht aufgeführt, da die Kombination aus *Natrium phosphoricum* und *Silicea* eine ähnliche Wirkung hat.

Iso-Bikomplexmittel 1 bis 30	**1**	**2**	**3**	**4**	**5**	**6**	**7**	**8**	**9**	**10**	**11**
Nr. 1 *Calcium fluoratum*	■			■				■		■	
Nr. 2 *Calcium phosporicum*		■	■	■	■		■				■
Nr. 3 *Ferrum phosphoricum*		■				■	■		■		
Nr. 4 *Kalium chloratum*						■					
Nr. 5 *Kalium phosphoricum*		■	■	■	■	■	■	■		■	
Nr. 6 *Kalium sulfuricum*						■					■
Nr. 7 *Magnesium phosphoricum*					■		■	■			■
Nr. 8 *Natrium chloratum*	■	■		■	■					■	■
Nr. 9 *Natrium phosphoricum*			■						■		
Nr. 10 *Natrium sulfuricum*	■		■						■		
Nr. 11 *Silicea*		■		■	■			■	■	■	■

Fälle aus der Praxis

Fall 1: Wilhelm K., 48 Jahre alt

Der Patient rief mich an einem Freitagmorgen an. Er habe einen Hexenschuß und könne sich nur in bestimmten Positionen halten. Er wollte aber am Wochenende eine Radtour machen, an der ihm viel läge.

Ich machte einen Hausbesuch bei ihm und vergewisserte mich zunächst, daß es wirklich »nur« ein Hexenschuß war. Nach der antlitzdiagnostischen Betrachtung verordnete ich die Salze *Ferrum phosphoricum* und *Kalium sulfuricum* in hoher Dosierung, zusätzlich in den näch-

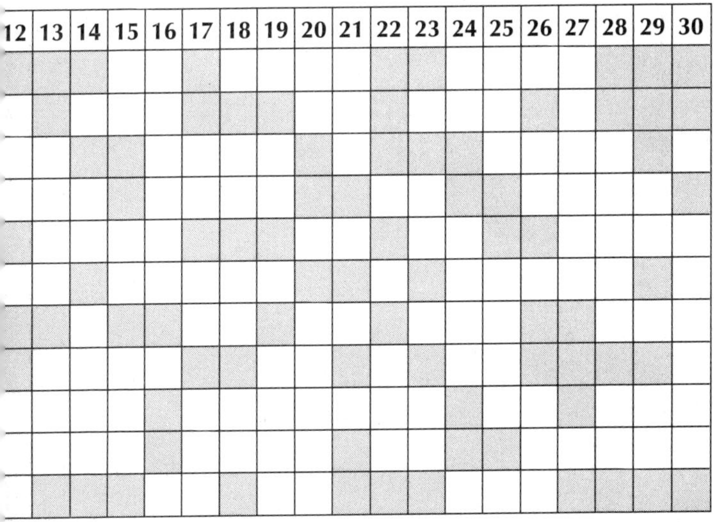

sten drei Stunden zwei heiße Bäder mit 30 Pastillen *Ferrum phosphoricum*; zum Einreiben gab ich dem Patienten *Calcium fluoratum* und *Silicea*.
Bereits am späten Nachmittag rief er mich an und bedankte sich; er hatte seine Bewegungsfreiheit wieder zurückerlangt. Ich riet ihm *Ferrum phosphoricum* und *Kalium sulfuricum* auf die Radtour mitzunehmen – eine hervorragende »Muskelkater-Kombination«.

Fall 2: Natasha B., 30 Jahre alt

Als ich Natasha das erstemal flüchtig sah, fiel mir ihr Lidschatten besonders auf. Ihr Gesicht hatte einen braunen Teint, und die Haut um die Augen war oberhalb des Augenlids bis zum äußeren Augenwinkel in einem noch dunkleren Braun gefärbt. Im Verlauf des Gesprächs sagte ich ihr, daß ich die Zeichnung um ihre Augen besonders interessant fände. Sie klärte mich auf, daß dies kein Lidschatten sei, sondern daß sie immer solche dunklen Ringe um die Augen habe. Ich fragte nach einigen charakteristischen Symptomen, die den *Kalium-sulfuricum*-Mangel kennzeichnen. Sie bejahte alle. Zusätzlich klagte sie über immer wiederkehrende Krämpfe im Bauch; der Arzt hatte aber nichts finden können. Bei genauerer Betrachtung war der *Kalium-sulfuricum*-Mangel offensichtlich, zusätzlich wirkte sie müde und leicht grau – ein Indiz für den Mangel an *Kalium phosphoricum*. Die Krämpfe erforderten *Magnesium phosphoricum*, und zusätzlich gab der klassische milchweiße Streifen über der Nase und um die Augenbrauen einen Hinweis auf fehlendes *Calcium phosphoricum*.

Natasha nahm als eine Art Kur die fehlenden Mineralsalze vier Wochen lang ein. Sie reagierte mit einer heftigen Erstverschlimmerung auf *Kalium sulfuricum*, woraufhin wir für drei Tage – bis die ausgeprägte Schläfrigkeit nachließ – die Dosierung auf fast das Doppelte erhöhten. Die Krämpfe wurden schnell seltener und waren nach vierwöchiger Einnahme so gut wie verschwunden. Natashas allgemeines Wohlbefinden und ihre Leistungskraft hatten sich deutlich gesteigert.

Fall 3: Britta L., 32 Jahre

Britta kam in die Praxis, weil sie starke Gewichtsprobleme hatte. Sie konnte an keiner Schokolade vorbeigehen und nahm auch sofort zu, wenn sie sich nicht kontrollierte.

Antlitzdiagnostisch zeigten sich starke Schatten um die Augen, die braune, bläulichweiße und rotschwarze Färbungen aufwiesen. Bei der Anamnese ergaben sich regelmäßiger Alkoholkonsum und ein (angeblich) allergisches Asthma. Die Ernährung war wenig gesundheitsfördernd, überwiegend Kantinenessen. Ich verordnete in diesem Fall hohe Dosen *Kalium sulfuricum* und *Kalium chloratum*, zusätzlich – weniger hochdosiert *Calcium fluoratum* und *Ferrum phosphoricum*.

Britta rief drei Tage nach Beginn der Einnahme an und berichtete, daß die Schatten noch dunkler wären und sie sehr, sehr müde sei. Wir erhöhten die Dosis von *Kalium sulfuricum*, aber nur für drei Tage. Die Müdigkeit verschwand nach nur einem weiteren Tag, auch die dunklen Schatten wurden schnell heller. Seit der Einnahme der

Salze traten keine Asthmaanfälle mehr auf. Aufgrund der starken Vorbelastung (durch regelmäßigen Alkoholkonsum) war eine 90tägige Entgiftung dringend anzuraten, um den Organismus gründlich zu reinigen. Zusätzlich haben wir intensiv über richtige Ernährung gesprochen.

Fall 4: Elfriede T., 73 Jahre

Frau T. litt seit sieben Jahren an massiven Depressionen mit psychosomatischen Schmerzerscheinungen. Sie war während dieser Zeit mehrfach in der psychiatrischen Klinik. Dort hatte sie starke Psychopharmaka erhalten, so daß sie, nach ihren eigenen Aussagen, nur noch benebelt war und nicht mehr aktiv am Leben teilnehmen konnte. Ich verordnete ihr Nr. 5 *Kalium phosphoricum*, *Calcium phosphoricum* und *Magnesium phosphoricum*. Bei dieser Patientin war ich sehr vorsichtig mit der Dosierung. Sie sollte die Pastillen auf »einschleichende Weise« zu sich nehmen, um mögliche Reaktionen zu minimieren und diese eindeutig einem bestimmten Salz zuordnen zu können. Sie begann zunächst mit *Kalium phosphoricum*; wenn es zu plötzlichen Schmerzattacken kam, hat sie 10 Pastillen in 1/8 l heißem Wasser aufgelöst und schluckweise getrunken. Auch hier habe ich zu einer Entgiftung als begleitende Maßnahme geraten, da durch die jahrelange Einnahme starker Medikamente der Organismus sehr belastet war. Zusätzlich wurde die Patientin mit energetischen Methoden gestärkt.

Bereits nach fünf Wochen begann sie selbständig die Schlafmittel wie auch die Psychopharmaka langsam abzusetzen. Dieser ausschleichende Prozeß, bei dem die Medikamente langsam reduziert und schließlich ganz abgesetzt wurden, war sehr wichtig, um Entzugserscheinungen zu vermeiden. Nach einer Behandlungszeit von acht Monaten nahm die Patientin keine allopathischen, also schulmedizinischen Mittel mehr ein. Nach Bedarf nahm sie *Kalium phosphoricum*, wenn sie merkte, daß sie wieder in eine niedergeschlagene Stimmung rutschte. Sie wurde wieder lebensfroh und nahm aktiv am Leben teil.

Fall 5: Barbara R., 42 Jahre

Frau R. kam wegen einer sehr stark ausgeprägten Skoliose. Sie war bereits als erwerbsunfähig aus dem Berufsleben ausgeschieden, nachdem sie so starke Probleme hatte. Frau R. vermittelte mit ihrer sehr schlanken und schmalen Figur den Gesamteindruck einer sehr zerbrechlichen Person; Brustkorb und der Rücken wiesen dabei starke Verformungen auf. Antlitzdiagnostisch zeigte sich ein hoher Mangel an *Silicea*, *Calcium fluoratum*, *Calcium phosphoricum* und *Ferrum phosphoricum*.

Calcium fluoratum und *Silicea* verordnete ich sowohl in Salben- als auch in Pastillenform. Zusätzlich erhielt Frau R. Massagen und besuchte die Rückenschule. Nach zwei Monaten machte sich eine deutliche Aufrichtung der Wirbelsäule bemerkbar, aber auch die Muskulatur war durch *Calcium phosphoricum* und *Ferrum phosphoricum* aufgebaut worden, und die Wirbel verließen nicht mehr bei jeder Drehung ihre Position. Die Dosierung war zu Beginn als Kur höher angesetzt gewesen, später wurde sie zur Dauereinnahme reduziert.

Fall 6: Karl S., 62 Jahre

Herr S. kam zu mir mit der Diagnose »Bronchialkrebs, nicht operabel«. Er hatte es am Tag zuvor erfahren, eine Chemotherapie war bereits angesetzt. In der Beratung schlug ich ihm vor, die Chemotherapie durchzuführen, sich jedoch begleitend behandeln zu lassen, um die Nebenwirkungen zu mildern. Er war einverstanden.

Wir starteten noch vor Beginn der Chemotherapie mit dem schleimhautbezogenen *Kalium chloratum* in hoher Dosis. Aufgrund der Vorgeschichte ergab sich eine starke toxische Belastung: Herr S. war jahrzehntelang starker Raucher gewesen, hatte 30 Jahre lang in einer chemischen Reinigung gearbeitet und aß täglich ein bis zwei Tafeln Schokolade – ohne Gewichtszunahme. Die antlitzdiagnostischen Zeichen bestätigten die Belastung der Leber und der Lymphe. Ich verordnete deshalb zusätzlich *Kalium sulfuricum*, *Natrium phosphoricum*, *Natrium sulfuricum* und *Silicea.* Zur Stärkung der Psyche ergänzte ich für 14 Tage *Kalium phosphoricum* – auch für die Ehefrau, die ebenso völlig deprimiert war.

Die Chemotherapie ging zwar mit starker Müdigkeit einher, brachte aber nicht die üblichen Nebenwirkungen. Als sich zum Ende der Chemotherapie die Blutwerte verschlechterten, gab ich *Calcium phosphoricum* und *Ferrum phosphoricum* als Stoßtherapie hinzu.

Das Allgemeinbefinden wurde sehr schnell besser, die Schwellung der Lymphknoten ging zurück, und der Tumor war bereits nach Beendigung der ersten Folge der chemischen Behandlungen nicht mehr auf dem Röntgenbild nachzuweisen. Der Heißhunger auf Süßigkeiten war übrigens auch verschwunden. Dieser Fall soll nicht deutlich machen, daß Schüsslers Lebenssalze Krebs heilen können. Sie wurden hier eingesetzt, um die anstehende Chemotherapie erträglich zu machen und den Körper so zu stärken, daß er nicht nur von der vielen Chemie in Anspruch genommen wird, sondern zusätzlich auch noch ausreichend Energie für die Gesundung hat.

Fall 7: Chris H., 42 Jahre

Herr H. hatte seit fünf Monaten keinen Geruchs- und Geschmackssinn mehr. Er hatte Anfang des Jahres eine schwere Erkältung mit einer Bronchitis gehabt, die konventionell mit Antibiotika behandelt wurde. Der Husten war seither nicht richtig verschwunden, und die Nase war zwar nicht verstopft, aber er näselte noch immer. Ihm entgingen all die lieblichen Düfte des Frühjahrs und des Sommers, doch am meisten störte ihn die Tatsache, daß er kein Essen und kein Getränk (Wein und Bier führte er hier an) unterscheiden konnte, weil er nichts schmeckte. Sein Gesicht zeigte große weiße Höfe um die Augen, einen leichten Doppelkinnansatz und Lachfältchen. Diese Zeichen gaben mir Aufschluß über die fehlenden Salze. Ich verordnete ihm *Kalium chloratum, Natrium phosphoricum* und *Silicea* in einer Dosis von 3mal 15 Pastillen. Da seine Familie aus Schulmedizinern besteht, war er sehr, sehr skeptisch. Er konnte auch nicht glauben, daß er 45 Pastillen 3mal täglich nehmen sollte – ein Zweifel, den neue Patienten häufig haben. Wenn sie sich jedoch darauf einlassen, erfahren sie schnell Besserung, und das ist es, was zählt.

Ich vereinbarte mit Herrn H., daß er die Salze über zunächst vier Wochen nehmen soll. Er hatte schon so lange keinen Geruchssinn mehr, daß er nichts verlieren konnte. Wenn die Salze nach vier Wochen keine Veränderung bewirken, kann er sie immer noch absetzen und zur schulmedizinischen Behandlungsweise zurückkehren.

Nach vier Tagen erhielt ich einen Anruf, daß er jetzt auf einem Ohr taub sei. Wir erhöhten die *Silicea*-Dosis auf 25 Pastillen; zusätzlich verordnete ich ein Nierenmittel. Der Ausscheidungsprozeß war durch die Salze angeregt worden, aber die Nieren waren nicht auf diese Flut von Abbauprodukten vorbereitet. Sie mußten also zusätzlich unterstützt werden.

Nach einer weiteren Woche teilte mir Herr H. mit, daß er starke Gerüche bereits wahrnehmen konnte. Aber das Ohr sei immer noch taub. Ich empfahl ihm eine Belüftung des Ohrs durch die Valsalva-Methode: Die Nase wird zugehalten und, wie beim Naseputzen, Druck aufgebaut. Dadurch entsteht ein Überdruck im Ohr hinter dem Trommelfell. Das Trommelfell wird nach außen gewölbt und evtl. Flüssigkeit im Mittelohr dadurch bewegt. Diese Methode ist mindestens 20mal pro Tag durchzuführen. Drei Tage später war die Taubheit beseitigt.

Ich traf Herrn H. noch einmal im Herbst. Mitten im Gespräch schnupperte er in die Luft und fragte mich, ob hier etwas schmort. Mir war nichts aufgefallen. Aber er behielt recht – als der Geruch intensiver wurde, nahm auch ich ihn wahr. Offensichtlich war sein Geruchssinn wieder vollständig hergestellt. Auch steht er alternativen Behandlungsweisen nun aufgeschlossener gegenüber.

Natürliches Vorkommen biochemischer Salze

Als Produkte der Natur sind die Mineralsalze auch in unseren Nahrungsmitteln und Heilpflanzen enthalten. Die üblichen Darreichungsformen, etwa als Tabletten, sind auf Milchzucker aufgebaut, doch hat die Erfahrung gezeigt, daß manche Menschen diesen Stoff nicht gut vertragen. Hier ist eine ausgewogene Ernährung, die dem bestehenden Mangel entgegenwirkt, oder eine gezielte Unterstützung der Therapie durch Heilpflanzen sehr hilfreich.

Vorkommen in Nahrungsmitteln und Heilpflanzen

Auf den folgenden Doppelseiten finden Sie eine alphabetische Übersicht bekannter Nahrungsmittel und der darin enthaltenen Salze.
Ab Seite 148 folgt eine Übersicht heimischer Heilpflanzen mit ihrem Gehalt an Mineralsalzen. Sie sind am Wegesrand, auf Wiesen oder im eigenen Garten zu finden, können teilweise mühelos selbst geerntet und als Tee zubereitet werden. Die bereits fertig getrockneten Pflanzenteile sind auch in der Apotheke oder im Kräuterhaus erhältlich. Wichtige Hinweise zur Ernte und Verwertung finden sich in vielen Büchern über Pflanzenheilkunde.

Übersicht bekannter Nahrungsmittel mit ihrem Gehalt an Mineralsalzen

	Nr. 1 *Calcium fluoraticum*	Nr. 2 *Calcium phosphoricum*	Nr. 3 *Ferrum phosphoricum*	Nr. 4 *Kalium chloratum*	Nr. 5 *Kalium phosphatum*
Äpfel					
Blumenkohl					
Bohnen					
Brombeeren					
Brunnenkresse					
Buchweizen					
Datteln					
Erbsen					
Erdbeeren					
Feigen					
Gerste					
Grapefruit					
Gurken					
Hafer					
Himbeeren					
Hirse					
Karotten					
Kartoffeln (mit Schale)					
Kastanien					

																			Nr. 6 *Kalium sulfuricum*
																			Nr. 7 *Magnesium phosphoricum*
																			Nr. 8 *Natrium chloratum*
																			Nr. 9 *Natrium phosphoricum*
																			Nr. 10 *Natrium sulfuricum*
																			Nr. 11 *Silicea*
																			Nr. 12 *Calcium sulfuricum*

	Nr. 1 *Calcium fluoraticum*	Nr. 2 *Calcium phosphoricum*	Nr. 3 *Ferrum phosphoricum*	Nr. 4 *Kalium chloratum*	Nr. 5 *Kalium phosphatum*
Kleie	■	■	■		
Knoblauch	■				
Kohl	■	■	■	■	■
Kokosnüsse				■	■
Kopfsalat		■	■	■	
Kresse				■	■
Linsen		■	■	■	■
Löwenzahn				■	■
Meerrettich					
Nüsse		■	■	■	■
Oliven				■	■
Orangen					
Petersilie					
Pflaumen	■		■		
Radieschen			■		
Rettich					
Rhabarber	■	■			
Roggen		■	■		
Rosinen					
Rote Bete				■	■
Schwarze Johannisbeeren		■			

																					Nr. 6 *Kalium sulfuricum*
																					Nr. 7 *Magnesium phosphoricum*
																					Nr. 8 *Natrium chloratum*
																					Nr. 9 *Natrium phosphoricum*
																					Nr. 10 *Natrium sulfuricum*
																					Nr. 11 *Silicea*
																					Nr. 12 *Calcium sulfuricum*

	Nr. 1 *Calcium fluoraticum*	Nr. 2 *Calcium phosphoricum*	Nr. 3 *Ferrum phosphoricum*	Nr. 4 *Kalium chloratum*	Nr. 5 *Kalium phosphatum*
Sellerie				■	■
Sesamsamen		■			
Spargel			■	■	
Spinat	■	■	■		■
Sprossenkohl				■	
Tomaten				■	■
Vollreis	■				
Weizen		■	■		
Weizenkleie					
Ziegenmilch					
Zitronen	■	■		■	■
Zwiebeln	■	■			

												Nr. 6 *Kalium sulfuricum*
												Nr. 7 *Magnesium phosphoricum*
												Nr. 8 *Natrium chloratum*
												Nr. 9 *Natrium phosphoricum*
												Nr. 10 *Natrium sulfuricum*
												Nr. 11 *Silicea*
												Nr. 12 *Calcium sulfuricum*

Übersicht heimischer Heilpflanzen mit ihrem Gehalt an Mineralsalzen

Pflanzenname	*Verwendbare Pflanzenteile; Erntezeit; Verfahren*	*Enthaltene Mineralsalze, Nr.*	*Anwendung, Wirkung*
Ackerschachtelhalm, Zinnkraut *Equisetum arvense*	ganze Pflanze, ohne Wurzel	1, 2, 3, 10, 11	Steinleiden, harntreibend
Stumpfblättriger Ampfer *Rumex obtusifolius*	Blätter, frischer Saft, getrockneter Wurzelstock; Okt., Nov.	3	Durchfall, alle Krankheiten, bei denen zur Unterstützung *Ferrum phosphoricum* eingesetzt wird
Augentrost *Euphrasia officinalis*	ganze Pflanze; Juli bis Okt.; rasch trocknen	3, 4, 6	Augenentzündungen
Bach-Ehrenpreis *Veronica biccabunga*	blühende Sproßspitzen, frische oder getrocknete Blätter; zu Beginn der Blütezeit	6, 8, 9, 11	bei Hautgeschwüren, hautreinigend
Echter Baldrian *Valeriana officinalis*	frischer Wurzelstock, mit Wurzeln, Frucht, Blätter; sofort reinigen und an der Luft trocknen	2, 5, 7, 11	bei Nervosität und Schlaflosigkeit, beruhigend, entkrampfend
Gewöhnliches Barbarakraut, Winterkresse *Barbarea vulgaris*	frische Blätter oder Samen (im getrockneten Zustand verliert die Pflanze ihre Wirkung)	8, 9, 11	Steinleiden, Gicht, harntreibend

Pflanzenname	*Verwendbare Pflanzenteile; Erntezeit; Verfahren*	*Enthaltene Mineralsalze, Nr.*	*Anwendung, Wirkung*
Immergrüne Bärentraube *Arctostaphylos uva-ursi*	Blätter; in der Sonne und trockner Luft trocknen	3, 4, 9, 10	Blasenentzündung, harntreibend, die Nieren unterstützend
Beinwell *Symphytum officinale*	Wurzelstock, frisch oder getrocknet; Frühling oder Herbst; waschen, abkratzen, zerteilen, rasch trocknen	1, 3, 9, 11	Nierenentzündung, Hautgeschwüre, Verstauchung
Besenginster *Sarothamnus scoparius*	Blütenknospen, junge Zweige; Trocknung bei schwacher Hitze	5, 7	blutdrucksteigernd
Besenrauke *Descurainia sophia*	ganze Pflanze mit Ausnahme von Wurzel und Samen	3, 6	beschleunigte Wundheilung
Große Bibernelle *Pimpinella major*	frische und getrocknete Wurzeln	3, 4, 9, 11	auswurffördernd
Große Brennessel *Urtica dioica*	Blätter der jungen Pflanze, Stock und Wurzel	2, 3, 6, 8, 10, 11	Förderung der Mineralstoffaufnahme, blutreinigend
Echte Brunnenkresse *Nasturtium officinale*	ganze Pflanze, ohne Wurzel	3, 4, 6, 8, 11	Mineral zuführend
Gemeiner Erdrauch *Fumaria officinalis*	blühende Pflanze; Mai bis Sept.	6, 8, 9, 10	blutreinigend, unterstützt Leber und Gallenblase

Pflanzenname	*Verwendbare Pflanzenteile; Erntezeit; Verfahren*	*Enthaltene Mineralsalze, Nr.*	*Anwendung, Wirkung*
Esche *Fraxinus Excelsior*	Samen, junge Blätter; Ende Juni; ohne Stil trocknen	1, 3, 9, 11	Gicht, Harnstoff, Steinleiden
Espe *Populus tremula*	Rinde, frische Blätter	3, 4, 10, 11	Blasenentzündung
Feldthymian *Thymus serpyllum*	blühende Sprossenspitzen	3, 4, 7	Bronchitis, schleimlösend
Feldulme *Ulmus campertris*	Rinde, Blätter	3, 4, 6, 8	Hautflechte, Durchfall
Echter Fenchel *Foeniculum vulgare*	frische Blätter, Früchte; Sept. bis Okt.	3, 4, 6, 7	zur Unterstützung aller Erkrankungen
Gemeiner Frauenmantel *Alchemilla vulgaris*	ganze Pflanze ohne Wurzel; Juni bis Aug.	1, 3, 6, 7, 10	Diabetes mellitus, Bindehautentzündung, Arteriosklerose
Gänseblümchen *Bellis perennis*	Blätter und Blüten	3, 4, 8, 9, 11	Furunkel, Bronchitis
Gänsefingerkraut *Potentilla anserina*	Blätter, Blüten, Wurzelstock	3, 5, 7	beruhigend, entkrampfend
Goldrute *Solidargo virgaurea*	blühende Sproßspitzen, ganze Pflanze	3, 4, 10	Blasenentzündung, Nierenreizung
Kriechender Günsel *Ajuga reptans*	ganze Pflanze, ohne Wurzel	3, 6, 11	Durchfall, Förderung der Mineralstoffaufnahme
Guter Heinrich *Chenopodium bonus-henricus*	ganze Pflanze; Mai bis Aug.	2, 7, 8, 9, 11	Abszeß, Anämie, Verstopfung

Pflanzenname	*Verwendbare Pflanzenteile; Erntezeit; Verfahren*	*Enthaltene Mineralsalze, Nr.*	*Anwendung, Wirkung*
Hängebirke *Betula pendula*	Blätter, Knospen, Rinde, Saft; Juni bis Sept.	1, 3, 4, 9, 10, 11	Gicht, Rheuma, Steinleiden, cholesterinsenkend
Dorniger Hauhechel *Onosis spinosa*	Blätter, Blüte, Wurzel, Wurzelstock	3, 4, 8, 9, 10, 11	Angina, Blasenentzündung
Huflattich *Tussilago farfara*	Blätter, Blüten, Wurzeln, Saft, Filtrat	3, 4, 7, 8	Bronchitis, schleimlösend
Johanniskraut (Tüpfelkraut) *Hypericum perforatum*	Blätter, blühende Sproßspitzen	2, 7, 11	entkrampfend, beruhigend
Echte Kamille *Matricaria chamomilla*	Blütenköpfe	3, 7	entkrampfend, Magenschleimhaut schützend
Königsfarn *Osmunda regalis*	Blätter, Wurzelstock	2, 3, 4, 9	harntreibend
Königskerze *Verbascum thapsus*	Blätter, Blüten voll aufgeblüht	3, 4, 5, 7, 8, 11	Hautjucken, gegen Entzündungen, blutreinigend
Kornblume *Centaurea cyanus*	ganze Pflanze, Blüten; Juni bis Aug.	3, 4, 6, 8, 9	Ödeme, Rheuma, harntreibend
Gemeines Kreuzkraut (Greiskraut) *Senecio vulgaris*	ganze Pflanze kurz vor dem Aufblühen der Knospen; Blätter, Saft ganzjährig	3,4,7,9,11	Nervosität, Durchfall, kreislaufstärkend

Pflanzenname	*Verwendbare Pflanzenteile; Erntezeit; Verfahren*	*Enthaltene Mineralsalze, Nr.*	*Anwendung, Wirkung*
Echtes Labkraut (Herrgottsstroh) *Galium verum*	blühende Sproßspitzen; nur einige Wochen aufbewahren	6, 7, 9, 10	galle- und harntreibend, krampflösend
Liebstöckel (Maggikraut) *Levisticum officinale*	Wurzeln im Frühjahr; Früchte, Blätter im Sept.	2, 6, 7, 8, 9	Migräne, Leber, harntreibend
Löwenzahn *Taraxacum officinale*	Wurzelstock, Blätter im Frühjahr, Saft im Herbst	6, 9, 10, 11	Gicht, entgiftend, galletreibend
Echtes Lungenkraut *Pulmonaria officinalis*	blühende Sproßspitzen, Rosettenblätter; Ende des Sommers	3, 4, 7, 11	Durchfall, Herzklopfen, auswurffördernd, harntreibend
Wilde Malve *Malva sylvestris*	Blätter, Wurzeln, Blüten (werden nach dem Trocknen blau)	1, 3, 4, 6, 7, 11	zur Unterstützung bei allen Erkrankungen, Asthma bronchiale, Bronchitis, baut Schleimhaut auf, bei Nervosität
Melisse (Zitronenmelisse) *Melissa officinalis*	beblätterte Triebe, Blätter	2, 6, 7	Anämie, Schwindel
Mistel *Viscum album*	junge Blätter	2, 7	Arteriosklerose, blutdruckregulierend, krampflösend

Pflanzenname	*Verwendbare Pflanzenteile; Erntezeit; Verfahren*	*Enthaltene Mineralsalze, Nr.*	*Anwendung, Wirkung*
Wilde Möhre *Daucus carota*	Wurzel im Spätsommer, frische Blätter, reife Früchte	6, 7, 8, 10	Förderung der Mineralstoffaufnahme, Blähungen, Juckreiz, Koliken
Gemeine Nachtkerze *Oenothera biennis*	Wurzel, Blätter	6, 7, 8	blutreinigend, krampflösend
Kleiner Odermennig *Agrimonia eupatoria*	blühende Sprossenspitzen, Blätter; Juni bis Aug.	3, 4, 6, 10	entzündungshemmend
Gemeine Pestwurz *Petasites hybridus*	Blätter, Blüten, Wurzelstock	3, 6, 10	Gallenblasenreiz, Magenschleimhaut
Pfefferminze (Hausminze) *Mentha piperita*	Blätter, blühende Triebe; Juli bis Okt.	6, 7, 9, 10	Koliken, Magenverstimmung, Verdauungsstörungen
Gemeine Quecke *Agropyron repens*	Saft der ganzen Pflanze, Wurzelstock; April, Mai, Sept. bis Okt.; nicht lange aufbewahren	3, 4, 10, 11	Blasenentzündungen, Nierenunterstützung, Steinleiden
Rainfarn *Chrysanthemum vulgare*	blühende Sproßspitzen und Samen	3, 7, 10	Wurmmittel
Gemeiner Rainkohl *Lapsana communis*	Blätter, Milchsaft	2, 6, 10	Diabetes mellitus, Leberunterstützung
Ruprechtskraut (Storchschnabel) *Geranium robertianum*	Pflanze ohne Wurzel	3, 4, 10	Diabetes mellitus, krampflösend

Pflanzenname	*Verwendbare Pflanzenteile; Erntezeit; Verfahren*	*Enthaltene Mineralsalze, Nr.*	*Anwendung, Wirkung*
Salbei (Gartensalbei) *Salvia officinalis*	Blätter vor der Blüte, blühende Sprossenspitzen	3, 5, 7, 9, 10, 11	Asthma, Halsentzündung, Nachtschweiß, gereizte Schleimhäute
Gemeine Schafgarbe *Achillae millefolium*	blühende Sproßspitzen, Blätter, Früchtchen; Juni bis Sept.	4, 6, 7, 9	Juckreiz, blutreinigend
Schlüsselblume *Primula veris*	Blüten mit Kelch, Blätter, Wurzelstock; Winter	1, 2, 3, 4, 7, 11	Koliken, fiebersenkend, harntreibend
Großes Schöllkraut *Chelidonium majus*	Blätter, Wurzelstock, Wurzeln	2, 6, 7, 9, 10	krampflösend, galletreibend
Silberweide (Weißweide) *Salix alba*	Rinde, Blätter, Kätzchen	2, 3, 7	beruhigend, krampflösend, antirheumatisch, fiebersenkend
Rundblättriger Sonnentau *Drosera rotundifolia*	Oberirdische Teile, frisch oder getrocknet	3, 4, 5, 7	fiebersenkend, hustenlindernd, krampflösend
Sumpfvergißmeinnicht *Myosotis palustris*	blühende Sprossenspitzen	3, 4, 5	entzündungshemmend
Weiße Taubnessel *Lamium album*	Blüten, blühende Sprossenspitzen, Blätter	3, 4, 6, 8	entzündungshemmend, blutreinigend
Tausendgüldenkraut *Centaurium*	blühende Pflanze	3, 6, 7, 10	Durchfall, Magenverstimmung, galletreibend, blutreinigend

Pflanzenname	*Verwendbare Pflanzenteile; Erntezeit; Verfahren*	*Enthaltene Mineralsalze, Nr.*	*Anwendung, Wirkung*
Gemeiner Tüpfelfarn *Polypodium vulgare*	getrockneter Wurzelstock	3, 6, 10	auswurffördernd, wurm- und galletreibend
Vogelknöterich *Poligonum aviculare*	ganze Pflanze, frischer Saft	6, 9, 10, 11	Gicht, Steinleiden, Diabetes mellitus
Vogelmiere *Stellaria media*	frische oder getrocknete Pflanze, frischer Saft	2, 3, 6, 8	Förderung der Mineralstoffaufnahme, Anämie, Juckreiz, harntreibend
Wald-Ehrenpreis (Echter Ehrenpreis) *Veronica officinalis*	Blätter, blühende Sproßspitzen	3, 4, 6, 10	Entgiftung der Leber und der Nieren, Bronchitis
Wegerich (Breitwegerich) *Plantago major*	ganze Pflanze, frischer Saft	3, 4, 6, 7, 8	Bronchitis, blutreinigend, harntreibend
Wegwarte *Cichorium intybus*	Blätter vor der Blüte	3, 5, 6, 8, 10	Diabetes mellitus, harn- und galletreibend
Wermut *Artemisa absinthium*	junge Blätter, blühende Sproßspitzen	6, 7, 10	magenwirksam
Winterlinde *Tilia cordata*	junge Blütenstände, Rinde, Saft, Holz	2, 3, 5, 6, 11	fiebersenkend, schweißtreibend
Ziest-Arten *Stachys sylvatica*	blühende Sproßspitzen	4, 7, 11	Krämpfe, Wechseljahre

Alphabetische Übersicht nach Symptomen und Erkrankungen

Dieses Verzeichnis soll nicht dazu verleiten, bei Symptomen oder Krankheiten selbst zu experimentieren. *Es wird dringend empfohlen, bei einem Heilpraktiker oder Arzt die Ursachen abklären zu lassen. Ziehen Sie bei jedem Symptom, das von starker Schwäche, erhöhtem Puls und/oder starken Schmerzen begleitet wird, ärztliche Hilfe hinzu. Alle Symptome, die länger als drei Tage unverändert bestehen, sollten ebenfalls einem Heilkundigen mitgeteilt werden.*

Nach der Abklärung kann der Gesundungsprozeß mit den Mineralien beschleunigt und unterstützt werden. Die biochemischen Salze nach Dr. Schüssler bieten die Möglichkeit, eine Gesundung von innen heraus zu fördern und dabei nicht nur das Symptom zu beseitigen.

Grundsätzlich kann ich aus meiner Praxiserfahrung heraus sagen, daß zu einer wirklichen Gesundung auch immer eine grundlegende Entgiftung dazugehört. Auch dieser Prozeß kann mit Mineralsalzen wirksam unterstützt werden.

Nachfolgend finden Sie eine Auflistung von Krankheiten und Symptomen in alphabetischer Reihenfolge mit den Behandlungsmöglichkeiten der biochemischen Heilweise nach Dr. Schüssler.

Krankheiten und Symptome	*Behandlung mit biochemischen Salzen*	*Ergänzende Maßnahmen*
After Einrisse	*Calcium fluoratum* im Wechsel mit *Silicea* 3 x täglich je 2 Pastillen	äußerliche Behandlung mit biochemischen Salben
Einrisse durch harten Stuhl	*Natrium chloratum* 3 x 4 Pastillen täglich	
wund	*Natrium phosphoricum* 3 x 3 Pastillen	auf Ernährung achten! Äußerliche Behandlung mit Sitzbädern und Salben
Akne grundsätzlich	*Ferrum phosphoricum* *Kalium chloratum* *Natrium chloratum* *Natrium phosphoricum* im täglichen Wechsel 3 x 3 Pastillen	auf Ernährung achten!
mit Entzündungen	zusätzlich zu den genannten Salzen *Ferrum phosphoricum* *Silicea* *Calcium sulfuricum* 2 x je 3 Pastillen	auf Ernährung achten!
Pubertätsakne	*Calcium fluoratum* 3 x 3 Pastillen	äußerlich *Silicea*-Salbe
Aphthen (Mundschleimhautentzündungen)	*Ferrum phosphoricum* alle 15 Minuten 1 Pastille	
bei weißgrauem Belag auf den Schleimhäuten	*Kalium chloratum* 3 x 3 Pastillen	

Krankheiten und Symptome	*Behandlung mit biochemischen Salzen*	*Ergänzende Maßnahmen*
bei Belägen mit hellrotem Rand	*Kalium phosphoricum* stündlich 1 Pastille	
Bläschen in den Mundwinkeln oder am Zungenrand	*Natrium chloratum* 3 x 3 Pastillen	
Alkoholbelastung	*Kalium chloratum* *Kalium sulfuricum* *Natrium sulfuricum* 4 x je 6 Pastillen	seelische Ursachen bearbeiten
Alkoholentwöhnung	*Magnesium phosphoricum* *Natrium chloratum* *Natrium sulfuricum* 3 x je 4 Pastillen	psychologische Betreuung, Blütenessenzen
Allergien	*Calcium phosphoricum* *Ferrum phosphoricum* *Kalium chloratum* *Kalium sulfuricum* *Natrium chloratum* *Natrium sulfuricum* je zwei Salze im täglichen Wechsel 3 x je 3 Pastillen	Ernährungsumstellung, Entgiftung und Ausleitung
Amalgambelastung	*Natrium chloratum* *Natrium phosphoricum* *Natrium sulfuricum* 3 x je 3 Pastillen im täglich Wechsel mit *Silicea*	zur Ausleitung zusätzlich fachkundige Beratung hinzuziehen; Chlorella und Bärlauch haben sich als zusätzliche Präparate bewährt

Krankheiten und Symptome	*Behandlung mit biochemischen Salzen*	*Ergänzende Maßnahmen*
Anämie (Mangel an roten Blutkörperchen)	*Calcium phosphoricum* *Ferrum phosphoricum* *Kalium phosphoricum* *Natrium chloratum* 3 x je 4 Pastillen	Ernährungsweise prüfen, Ursachen abklären lassen
Angina (eitrige Mandelentzündung) zu Beginn der Beschwerden	*Ferrum phosphoricum* und *Kalium chloratum* stündlich je 3 Pastillen; *Natrium phosphoricum* und *Silicea* 4 x je 3 Pastillen täglich	gurgeln mit Salbeitee, Heilkundigen zusätzlich zu Rate ziehen wegen Komplikationsgefahr
Angstzustände allgemein	*Kalium phosphoricum* 5 x täglich 2 Pastillen	auch die Nieren einbeziehen, Blütenessenzen anwenden
durch Enge	*Calcium phosphoricum* 4 x 3 Pastillen	
vor Veränderungen	*Calcium fluoratum* *Calcium phosphoricum* und *Silicea* 3 x je 2 Pastillen	
bei Luftmangel	*Kalium sulfuricum* 4 x 2 Pastillen	
Appetit fehlender	*Calcium phosphoricum* *Kalium chloratum* *Kalium sulfuricum* 3 x je 2 Pastillen täglich	Sanierung der Darmschleimhaut, Vitaminzufuhr, Blütenessenzen

Krankheiten und Symptome	*Behandlung mit bio-chemischen Salzen*	*Ergänzende Maß-nahmen*
übermäßig	*Calcium phosphoricum* 3 x 3 Pastillen täglich	
Arbeitsfähigkeit morgendliche Anlaufschwierigkeiten	*Kalium phosphoricum* *Natrium phosphoricum* *Silicea* für eine Woche 4 x je 2 Pastillen dann 2 x je 2 Pastillen	
nur mit Kaffee und Zigarette	*Magnesium phosphoricum*	
Arterienverkalkung grundsätzlich	*Calcium fluoratum* *Natrium phosphoricum* *Silicea*	
vorbeugend	*Natrium phosphoricum* 3 x je 2 Pastillen	
Arthrose	*Calcium fluoratum* *Silicea* 3 x je 3 Pastillen dazu im täglichen Wechsel *Calcium phosphoricum* *Natrium chloratum* *Natrium phosphoricum* 3 x je 3 Pastillen	säurearme Ernährung
Asthma (Bronchialasthma)	*Kalium phosphoricum*	Ernährung umstellen, psychologische Ursachen finden und behandeln, Allergiefaktoren ausschließen

Krankheiten und Symptome	*Behandlung mit biochemischen Salzen*	*Ergänzende Maßnahmen*
bei akuten Anfällen und Nervosität	*Magnesium phosphoricum* alle 5 Minuten je 1 Pastille, anschließend alle 2 Stunden 2 Pastillen	
bei schwerlöslichem Schleim (auch bei akuten Anfällen)	*Kalium chloratum* alle 15 Minuten 2 Pastillen	
Anfälle am Abend oder in der Nacht oder nach Mahlzeiten	nach dem Anfall *Kalium sulfuricum* im Wechsel mit *Kalium phosphoricum* und *Magnesium phosphoricum* stündlich je 2 Pastillen	
Aufstoßen sauer	*Natrium phosphoricum* (nach fettem Essen) 4 x täglich 1 Pastille	Nahrung richtig kauen und eine Ernährungsumstellung in Betracht ziehen
mit Brennen in der Speiseröhre	*Natrium phosphoricum* im Wechsel mit *Ferrum phosphoricum* 4 x täglich je 2 Pastillen	
bitter	*Natrium sulfuricum* 4 x täglich 1 Pastille	
bei Luftaufstoßen, das keine Erleichterung bringt und Leibschmerzen verursacht	*Magnesium phosphoricum* 4 x täglich 1 Pastille	

Krankheiten und Symptome	*Behandlung mit biochemischen Salzen*	*Ergänzende Maßnahmen*
Augen Augäpfel gelblichgrün	*Magnesium phosphoricum* *Natrium sulfuricum* 2 x je 2 Pastillen täglich	grundsätzlich sind Augenleiden beim Arzt abzuklären
Augenbrennen in beheizten Räumen	*Calcium fluoratum* *Natrium chloratum* *Silicea* 3 x je 3 Pastillen	
im Freien tränende Augen	*Magnesium phosphoricum* *Natrium chloratum* *Silicea* 3 x je 3 Pastillen	
Sandkorngefühl	*Natrium chloratum* 3 x 3 Pastillen	
Augenüberdruck	*Natrium sulfuricum* 3 x 4 Pastillen	
Augen verklebt (honiggelb)	*Natrium phosphoricum* *Silicea* 3 x je 5 Pastillen täglich	
Doppeltsehen	*Calcium fluoratum* *Magnesium phosphoricum* *Natrium phosphoricum* 3 x je 4 Pastillen	
Funkensehen	*Magnesium phosphoricum* *Natrium phosphoricum* *Natrium sulfuricum* *Silicea* für 1 Woche 3 x je 3 Pastillen täglich, anschließend im täglichen Wechsel	

Krankheiten und Symptome	*Behandlung mit biochemischen Salzen*	*Ergänzende Maßnahmen*
Grauer Star	*Calcium fluoratum* *Silicea* 3 x je 2 Pastillen, im täglichen Wechsel mit *Kalium chloratum* *Natrium chloratum* *Natrium phosphoricum* 3 x je 3 Pastillen	
Sehen strengt an	*Kalium phosphoricum* *Silicea* 4 x je 3 Pastillen	
»Mückensehen«	*Natrium phosphoricum* *Silicea* 4 x je 2 Pastillen im täglichen Wechsel	
Augenlid Entzündung	 *Ferrum phosphoricum* *Calcium sulfuricum* 4 x je 3 Pastillen, zusätzlich im täglichen Wechsel *Kalium chloratum* *Natrium phosphoricum* 4 x je 2 Pastillen	 auch äußerliche Anwendung
Rötung	*Ferrum phosphoricum* *Kalium chloratum* *Natrium chloratum* 3 x je 3 Pastillen	auch äußerliche Anwendung
Zuckungen	*Calcium phosphoricum* 4 x 3 Pastillen; *Magnesium phosphoricum* *Silicea* 3 x je 3 Pastillen	

Krankheiten und Symptome	*Behandlung mit biochemischen Salzen*	*Ergänzende Maßnahmen*
Ausleitung grundsätzlich	 *Kalium sulfuricum* *Natrium chloratum* *Natrium phosphoricum* *Natrium sulfuricum* *Silicea* 3 x je 3 Pastillen	 Ausleitungen sollten während der abnehmenden Mondphase beginnen und jeweils zu den Jahreszeitwechseln. Auf die Ernährung achten, Gift- und Säurezufuhr einschränken
bei Giftstoffbelastung oder starken Medikamenten (z. B. Impfungen oder Narkosen)	*Kalium chloratum* *Natrium chloratum* *Natrium sulfuricum* 2 x je 5 Pastillen täglich für 2 Wochen, dann 2 x je 3 Pastillen	
Bänder Erschlaffung	 *Calcium fluoratum* *Silicea* 3 x je 3 Pastillen	 auch äußerlich
schmerzend	*Calcium fluoratum* *Natrium phosphoricum* *Silicea* 3 x je 3 Pastillen	
Bandscheibenbeschwerden	*Calcium fluoratum* im Wechsel mit *Silicea* 3 x 3 Pastillen, zusätzlich *Natrium chloratum* 3 x 4 Pastillen täglich	zusätzlich *Natrium-chloratum*-Salbe, Energieblockaden lösen

Krankheiten und Symptome	*Behandlung mit biochemischen Salzen*	*Ergänzende Maßnahmen*
zur Regeneration	*Calcium fluoratum* *Calcium phosphoricum* *Kalium phosphoricum* *Natrium chloratum* *Silicea* 3 x je 3 Pastillen	zusätzlich *Natrium chloratum*-Salbe Energieblockaden lösen
Beine offen	*Natrium phosphoricum* *Natrium sulfuricum* täglich 3 x je 4 Pastillen; *Kalium chloratum* *Silicea* im täglichen Wechsel 3 x je 3 Pastillen; *Calcium sulfuricum* 3 x 2 Pastillen	Abklärung durch Heilkundigen
schwer	*Kalium sulfuricum* 3 x 3 Pastillen	
Besenreiser	*Calcium fluoratum* *Kalium chloratum* *Natrium phosphoricum* *Silicea* 2 x je 3 Pastillen täglich	auch äußerlich
Bettnässen grundsätzlich	*Natrium sulfuricum* 3 x 3 Pastillen	Schlafplatzentstörung, Blütenmittel
im Alter	*Calcium fluoratum* *Calcium phosphoricum* 3 x je 4 Pastillen im täglichen Wechsel	
bei Husten	*Ferrum phosphoricum* 4 x 3 Pastillen	

Krankheiten und Symptome	*Behandlung mit biochemischen Salzen*	*Ergänzende Maßnahmen*
kleiner Kinder	*Calcium phosphoricum* *Natrium sulfuricum* 3 x je 2 Pastillen	
Blähungen grundsätzlich	 *Natrium chloratum* *Natrium sulfuricum* 4 x je 2 Pastillen im täglichen Wechsel mit *Magnesium phosphoricum* *Natrium phosphoricum* 3 x je 3 Pastillen	 Ernährung, Energiestau
mit Druckschmerz	*Kalium sulfuricum* zusätzlich 4 x 3 Pastillen	
kolikartig	*Magnesium phosphoricum* als »heiße Sieben«: 10 Pastillen in einem Glas heißem Wasser auflösen und alle 5 Minuten einen kleinen Schluck trinken	
Blasenleiden Anregung der Harnausscheidung	 *Natrium chloratum* *Natrium sulfuricum* 3 x je 3 Pastillen	 zusätzlich die Nieren anregen
Blasenkatarrh	*Ferrum phosphoricum* *Magnesium phosphoricum* *Natrium chloratum* stündlich je 1 Pastille	Schlafplatz entstören
Blasenschwäche	*Kalium phosphoricum* *Natrium phosphoricum* *Natrium sulfuricum* 3 x je 3 Pastillen	

Krankheiten und Symptome	*Behandlung mit biochemischen Salzen*	*Ergänzende Maßnahmen*
Reizblase	*Ferrum phosphoricum* *Magnesium phosphoricum* *Natrium phosphoricum* 4 x je 3 Pastillen täglich	
Schließmuskelschwäche	*Calcium fluoratum* *Ferrum phosphoricum* *Kalium phosphoricum* 3 x je 3 Pastillen	
Blasenentzündung, grundsätzlich	*Ferrum phosphoricum* *Kalium chloratum* *Natrium chloratum* *Natrium phosphoricum* *Natrium sulfuricum* im 30minütigen Wechsel je 2 Pastillen	Partnerbeziehung überdenken
Blasenentzündung, chronisch	*Kalium sulfuricum* *Silicea* *Calcium sulfuricum* 3 x je 3 Pastillen	
Blasensteine Ausscheidung	*Kalium phosphoricum* *Magnesium phosphoricum* *Natrium phosphoricum* *Silicea* 4 x je 2 Pastillen, außerdem die »heiße Sieben« (S. 81)	
Blasenkolik	*Calcium phosphoricum* *Magnesium phosphoricum* 3 x je 3 Pastillen	fachkundige Betreuung
Vorbeugung	*Natrium phosphoricum* *Silicea* 2 x je 2 Pastillen täglich	

Krankheiten und Symptome	*Behandlung mit biochemischen Salzen*	*Ergänzende Maßnahmen*
Blutdruck erhöht	*Calcium phosphoricum* *Magnesium phosphoricum* 3 x je 3 Pastillen	psychischen Druck und Belastungssituationen vermeiden
durch Arterienverkalkung erhöht	*Calcium fluoratum* *Calcium phosphoricum* *Magnesium phosphoricum* *Natrium chloratum* *Natrium phosphoricum* *Silicea* im täglichen Wechsel 3 x je 3 Pastillen	Ernährung prüfen, ggf. umstellen
niedrig	*Kalium phosphoricum* *Magnesium phosphoricum* alle 2 Stunden je 2 Pastillen	
Bluterguß	*Ferrum phosphoricum* *Kalium chloratum* 4 x je 3 Pastillen; *Calcium fluoratum* *Silicea* 3 x je 3 Pastillen	auch äußerlich mit den entsprechenden Salben
Brechdurchfall grundsätzlich	*Natrium sulfuricum* stündlich 3 Pastillen	ausreichend trinken
mit Fieber unter 38,5°C	*Ferrum phosphoricum* alle 5 Minuten 1 Pastille	
mit Kolik	*Magnesium phosphoricum* *Natrium sulfuricum* alle 30 Minuten je 2 Pastillen	
Brusterschlaffung	*Calcium fluoratum* 3 x 3 Pastillen täglich	auch äußerlich

Krankheiten und Symptome	*Behandlung mit biochemischen Salzen*	*Ergänzende Maßnahmen*
Brustwarzen rissig	*Calcium fluoratum* 3 x 3 Pastillen täglich	auch äußerlich
wund	*Ferrum phosphoricum* *Natrium chloratum* 3 x je 3 Pastillen täglich	auch äußerlich
Cholesterin ausgleichend	*Magnesium phosphoricum*	Ernährung prüfen und ggf. umstellen
Darm Geschwür	*Magnesium phosphoricum* *Natrium phosphoricum* *Silicea* *Calcium sulfuricum* 2 x je 2 Pastillen täglich	unbedingt fachkundige Abklärung
Kolik/Krämpfe	*Magnesium phosphoricum* als »heiße Sieben« (S. 81)	auch heiße Wickel
Darmträgheit	*Ferrum phosphoricum* *Kalium chloratum* *Magnesium phosphoricum* *Natrium chloratum* *Natrium sulfuricum* 2 x je 2 Pastillen täglich	Ernährungsumstellung
Darmkatarrh, grundsätzlich	*Ferrum phosphoricum* *Kalium chloratum* 3 x je 4 Pastillen	
nach fetten Speisen	*Natrium phosphoricum* *Natrium sulfuricum* 3 x je 3 Pastillen	

Krankheiten und Symptome	*Behandlung mit biochemischen Salzen*	*Ergänzende Maßnahmen*
mit Fieber unter 38,5°C	zusätzlich *Ferrum phosphoricum* *Kalium chloratum* 3 x je 4 Pastillen	
mit Fieber über 38,5°C	*Calcium phosphoricum* *Kalium phosphoricum* *Kalium sulfuricum* *Natrium chloratum* alle 10 Minuten je 2 Pastillen im Wechsel	
Denken schwerfällig	 *Calcium fluoratum* *Natrium chloratum* 4 x je 3 Pastillen	
strengt an	*Kalium phosphoricum* *Silicea* 3 x je 5 Pastillen	
Unfähigkeit	*Kalium phosphoricum* *Natrium chloratum* 4 x je 3 Pastillen	
Depressive Zustände	*Calcium phosphoricum* *Kalium phosphoricum* 5 x je 3 Pastillen	Energiestauungen lösen
Diabetes mellitus	*Magnesium phosphoricum* *Natrium sulfuricum* 3 x je 4 Pastillen	fachkundigen Rat einholen
Drüsen grundsätzlich	 *Kalium chloratum* *Magnesium phosphoricum* 3 x je 3 Pastillen	

Krankheiten und Symptome	*Behandlung mit biochemischen Salzen*	*Ergänzende Maßnahmen*
Drüsenentzündung	*Ferrum phosphoricum* *Kalium chloratum* 2stündlich je 2 Pastillen	
Drüsenschwellung	*Kalium chloratum* *Natrium phosphoricum* *Silicea* 3 x je 3 Pastillen	
Durchfall grundsätzlich	 *Ferrum phosphoricum* *Natrium chloratum* alle 15 Minuten je 2 Pastillen	 reichlich Wasser trinken, Einläufe, auf Ernährung achten
mit Bauchschmerz	zusätzlich *Magnesium phosphoricum* als »heiße Sieben« (S. 81)	
chronisch	*Natrium chloratum* 4 x 4 Pastillen täglich	wenn der Durchfall mit Nachtschweiß und Gewichtsverlust einhergeht, unbedingt abklären lassen
goldgelb	*Natrium phosphoricum* 4 x 4 Pastillen täglich	
grüngelb	*Natrium sulfuricum* 4 x 4 Pastillen täglich	
stinkend, faulig	*Kalium phosphoricum* 4 x 6 Pastillen	
durch Übersäuerung	*Natrium phosphoricum* 4 x 4 Pastillen täglich	
mit unverdauten Speisen	*Ferrum phosphoricum* 4 x 3 Pastillen täglich	

Krankheiten und Symptome	*Behandlung mit biochemischen Salzen*	*Ergänzende Maßnahmen*
mit Verstopfung wechselnd	*Natrium sulfuricum* 3 x 3 Pastillen	
Durst	*Kalium sulfuricum* *Natrium chloratum* 3 x je 3 Pastillen	
übermäßig	zusätzlich 3 x 3 Pastillen *Natrium sulfuricum*	Abklärung
Eisenmangel	*Calcium phosphoricum* *Ferrum phosphoricum* *Kalium phosphoricum* 3 x je 4 Pastillen täglich	Ernährung prüfen, Ursache klären
Eiterungen Pickel	*Natrium phosphoricum* *Silicea* *Calcium sulfuricum* 3 x je 3 Pastillen täglich	Ernährung, grundlegende Entgiftung
bei offener Wunde	*Calcium sulfuricum* 3 x 4 Pastillen täglich	auch äußerlich
Ekzeme	*Kalium sulfuricum* 3 x 6 Pastillen *Silicea* 3 x 3 Pastillen täglich	Antlitzdiagnose, auch äußerlich
Elastizitätsmangel	*Calcium fluoratum* *Silicea* 4 x je 4 Pastillen täglich	auch äußerlich
Elektrosmogbelastung	*Kalium chloratum* *Magnesium phosphoricum* 3 x je 3 Pastillen täglich	
Empfindlichkeit allgemein	*Kalium sulfuricum* 3 x 3 Pastillen täglich	

Krankheiten und Symptome	*Behandlung mit biochemischen Salzen*	*Ergänzende Maßnahmen*
durch Feuchtigkeit	*Silicea* 3 x 3 Pastillen täglich	
gegen Lärm und Geräusche, gegen Licht	*Kalium phosphoricum* *Natrium chloratum* *Silicea* 3 x je 3 Pastillen täglich	
bei Zugluft	*Natrium chloratum* 3 x 4 Pastillen täglich	
Energiemangel	*Ferrum phosphoricum* *Kalium phosphoricum* *Natrium chloratum* 2 x je 3 Pastillen täglich	Störfelder ausschalten
Entgiftung	*Kalium chloratum* *Kalium sulfuricum* *Natrium chloratum* *Natrium phosphoricum* *Natrium sulfuricum* 3 x je 2 Pastillen täglich	Einläufe, Fastenkuren, ausreichend trinken, Ernährung ggf. umstellen
Entschlackung	*Kalium sulfuricum* *Natrium sulfuricum* *Silicea* 3 x je 2 Pastillen täglich	Einläufe, Fastenkuren, ausreichend trinken, Ernährung ggf. umstellen, evtl. zusätzliches Lymphmittel verwenden
Entzündung beginnend	*Ferrum phosphoricum* *Natrium phosphoricum* je 1 Pastille im 10minütigen Abstand	Entschlackung

Krankheiten und Symptome	*Behandlung mit biochemischen Salzen*	*Ergänzende Maßnahmen*
chronisch	*Kalium sulfuricum* *Natrium phosphoricum* *Calcium sulfuricum* 3 x je 2 Tabletten täglich	gründliche Entgiftung, Ernährung umstellen
mit Hautabschuppungen	*Kalium sulfuricum* 3 x 4 Pastillen täglich	
mit Schwellung	*Kalium chloratum* 3 x 4 Pastillen täglich	
Erbrechen mit Galle	*Ferrum phosphoricum* *Magnesium phosphoricum* *Natrium sulfuricum* alle 10 Minuten je 1 Pastille; bei Nachlassen der Symptome in größeren Abständen	
saurer Flüssigkeit	*Natrium phosphoricum* 3 x 4 Pastillen täglich	
von Unverdautem	*Ferrum phosphoricum* 4 x 4 Pastillen täglich	
von Wasser	*Natrium chloratum* 4 x 4 Pastillen täglich	
Erkältung grundsätzlich	*Ferrum phosphoricum* *Kalium chloratum* *Natrium chloratum* 5 x je 3 Pastillen täglich	Bäder und Einläufe
abklingend	*Kalium phosphoricum* *Kalium sulfuricum* *Natrium chloratum* 4 x je 4 Pastillen täglich	

Krankheiten und Symptome	*Behandlung mit biochemischen Salzen*	*Ergänzende Maßnahmen*
chronisch	*Ferrum phosphoricum* *Kalium chloratum* *Kalium sulfuricum* 3 x je 4 Pastillen täglich	Ernährung prüfen, ggf. umstellen
Vorbeugung	*Ferrum phosphoricum* 3 x 3 Pastillen täglich	Sauna, Bäder, auf ausgewogene Ernährung achten
Ermüdung durch Übersäuerung	*Natrium phosphoricum* 4 x 4 Pastillen täglich	Ernährung, Lebensgewohnheiten umstellen, Bewegung verschaffen
mental	*Kalium phosphoricum* 3 x 3 Pastillen täglich	Ernährung, Lebensgewohnheiten umstellen, Bewegung verschaffen
durch Sauerstoffmangel	*Ferrum phosphoricum* *Kalium sulfuricum* 3 x je 4 Pastillen täglich	Ernährung, Lebensgewohnheiten umstellen, Bewegung verschaffen
Erschöpfung grundsätzlich	*Kalium phosphoricum* *Natrium chloratum* *Silicea* 3 x je 3 Pastillen täglich	Ernährung, Lebensgewohnheiten umstellen, Ursachen klären, Entspannungsmethoden einüben
mit nervöser Unruhe	*Calcium phosphoricum* *Magnesium phosphoricum* 4 x je 4 Pastillen täglich	
nervöse Erschöpfung	*Kalium phosphoricum* *Natrium chloratum* 3 x je 4 Pastillen täglich	
Erste Hilfe	*Ferrum phosphoricum*	bei allen plötzlich auftretenden Störungen

Krankheiten und Symptome	*Behandlung mit biochemischen Salzen*	*Ergänzende Maßnahmen*
Eßstörungen Eßsucht	 *Magnesium phosphoricum* 3 x 3 Pastillen täglich	 evtl. psychologische Betreuung
Heißhunger	*Natrium phosphoricum* 3 x 3 Pastillen täglich	
Völlegefühl nach dem Essen	*Ferrum phosphoricum* *Kalium sulfuricum* *Natrium chloratum* 3 x je 3 Pastillen täglich	
Faltenbildung	*Calcium fluoratum* *Silicea* 3 x je 3 Pastillen täglich	auch äußerlich
Fettleibigkeit	*Natrium phosphoricum* 3 x 4 Pastillen täglich	Ernährung
Fieber bis 38,5°C	 *Ferrum phosphoricum* alle 5 Minuten 1 Pastille	
über 38,5°C	*Kalium phosphoricum* alle 5 Minuten 1 Pastille	
mit kalten Händen und Füßen	*Ferrum phosphoricum* *Magnesium phosphoricum* *Natrium chloratum* alle 30 Minuten je 2 Pastillen	
Flechten	*Calcium phosphoricum* *Magnesium phosphoricum* *Natrium chloratum* *Natrium phosphoricum* *Silicea* *Calcium sulfuricum* in täglichem Wechsel 4 x je 4 Pastillen	auch äußerlich, Ernährung prüfen, Entgiftung

Krankheiten und Symptome	*Behandlung mit biochemischen Salzen*	*Ergänzende Maßnahmen*
Frösteln	*Ferrum phosphoricum* 3 x 4 Pastillen täglich	
Frühjahrsmüdigkeit	*Ferrum phosphoricum* *Natrium phosphoricum* *Natrium sulfuricum* *Silicea* 3 x je 3 Pastillen täglich, zusätzlich 3 x 5 Pastillen *Kalium sulfuricum*	Entschlackungsbäder
Furunkel	*Calcium fluoratum* *Natrium phosphoricum* *Silicea* *Calcium sulfuricum* 3 x je 3 Pastillen täglich	auch äußerlich
Füße feuchtkalte	*Natrium chloratum* 3 x 3 Pastillen täglich	
Fußschweiß	*Natrium phosphoricum* *Silicea* 3 x je 3 Pastillen täglich	auch äußerlich, Fußbäder
brennende Fußsohlen	*Calcium sulfuricum* 2 x 3 Pastillen täglich	auch äußerlich
stark juckende Fußsohlen	*Kalium sulfuricum* *Silicea* 3 x je 3 Pastillen täglich	auch äußerlich
geschwollene	*Natrium chloratum* *Natrium sulfuricum* 4 x je 3 Pastillen täglich	
kalte	*Ferrum phosphoricum* *Natrium chloratum* 3 x je 3 Pastillen täglich	auch äußerlich, Bäder

Krankheiten und Symptome	*Behandlung mit biochemischen Salzen*	*Ergänzende Maßnahmen*
wund gelaufene	*Ferrum phosphoricum* *Natrium chloratum* 3 x je 3 Pastillen täglich	auch äußerlich
Gallenfluß	*Natrium sulfuricum* 4 x 3 Pastillen vor dem Essen	Ernährung prüfen, Leberwickel
Gallensteine Abbau	*Calcium phosphoricum* *Magnesium phosphoricum* 3 x je 3 Pastillen täglich *Natrium phosphoricum* *Silicea* 3 x je 4 Pastillen täglich	Ernährung prüfen, ggf. umstellen
Kolik	*Magnesium phosphoricum* als »heiße Sieben« (S. 81)	heilkundige Betreuung
Gastritis grundsätzlich	*Kalium chloratum* *Natrium chloratum* *Natrium phosphoricum* 3 x je 3 Pastillen täglich	Bewältigung der Konflikte, säurearme Kost
akut	*Ferrum phosphoricum* *Magnesium phosphoricum* alle 10 Minuten je 1 Pastille	
mit Kräfteverlust	*Kalium phosphoricum* *Natrium chloratum* 4 x je 3 Pastillen täglich	
mit Säurebildung	*Natrium phosphoricum* 4 x 3 Pastillen täglich	
mit Durstgefühl	*Natrium chloratum* 3 x 3 Pastillen täglich	

Krankheiten und Symptome	*Behandlung mit biochemischen Salzen*	*Ergänzende Maßnahmen*
mit verstärktem Speichelfluß	*Natrium chloratum* 3 x 3 Pastillen täglich	
Geburt grundsätzlich zur Vorbereitung	*Magnesium phosphoricum* als »heiße Sieben« (S. 81)	auch äußerlich
Wehenschwäche	*Calcium fluoratum* *Magnesium phosphoricum* 5 x je 3 Pastillen täglich	
Erleichterung	*Kalium phosphoricum* alle 15 Minuten 2 Pastillen	
Nachwehen	*Calcium fluoratum* *Calcium phosphoricum* *Magnesium phosphoricum* alle 20 Minuten je 3 Pastillen	
Rückbildung der Gebärmutter	*Calcium fluoratum* *Kalium phosphoricum* *Magnesium phosphoricum* 8 x alle 20 Minuten je 2 Pastillen, dann die Abstände vergrößern; *Calcium fluoratum* *Ferrum phosphoricum* 4 x je 3 Pastillen täglich für weitere vier Wochen	auch äußerlich
Gedächtnis Ermüdung	*Kalium phosphoricum* *Natrium chloratum* im akuten Zustand alle 10 Minuten je 3 Pastillen, dann 4 x je 3 Pastillen täglich	viel Bewegung, auf Ernährung achten

Krankheiten und Symptome	*Behandlung mit biochemischen Salzen*	*Ergänzende Maßnahmen*
Gedächtnislücken	*Kalium phosphoricum* *Natrium chloratum* *Natrium sulfuricum* *Silicea* 3 x je 3 Pastillen täglich	
Gedächtnisschwäche	*Calcium phosphoricum* *Kalium phosphoricum* *Natrium chloratum* *Silicea* 3 x je 3 Pastillen täglich	
Gedächtnisverlust	*Kalium phosphoricum* *Natrium chloratum* 4 x je 3 Pastillen täglich	
Gedankenberuhigung	*Calcium phosphoricum* *Kalium sulfuricum* *Magnesium phosphoricum* 3 x je 4 Pastillen täglich	Entspannungstraining
Gelbsucht grundsätzlich	*Kalium sulfuricum* *Natrium sulfuricum* *Silicea* 3 x je 3 Pastillen täglich	heilkundige Klärung der Ursachen
mit Hautjucken	*Kalium sulfuricum* *Magnesium phosphoricum* 4 x je 3 Pastillen täglich	Entgiftung
durch Übersäuerung	*Kalium sulfuricum* *Natrium sulfuricum* *Silicea* auch *Natrium phosphoricum* 3 x je 3 Pastillen täglich	Ernährungsumstellung

Krankheiten und Symptome	*Behandlung mit biochemischen Salzen*	*Ergänzende Maßnahmen*
Gelenke knackend	*Natrium chloratum* *Natrium sulfuricum* 3 x je 3 Pastillen täglich	Entgiftung
Knorpelbildung	*Kalium chloratum* *Natrium chloratum* 3 x je 3 Pastillen täglich	auch äußerlich
Schlottergelenke	*Calcium fluoratum* *Silicea* Langzeiteinnahme 3 x je 2 Pastillen täglich	auch äußerlich
steif	*Calcium phosphoricum* *Natrium chloratum* *Natrium phosphoricum* *Silicea* 3 x je 3 Pastillen täglich	
Gelenkschwellung grundsätzlich	*Calcium phosphoricum* *Kalium chloratum* *Natrium phosphoricum* *Natrium sulfuricum* 3 x je 3 Pastillen täglich	auch äußerlich
mit rheumatischen Beschwerden	*Ferrum phosphoricum* *Natrium chloratum* 3 x je 3 Pastillen im täglichen Wechsel mit *Natrium phosphoricum* *Silicea* 4 x je 3 Pastillen, außerdem *Calcium sulfuricum* 3 x 3 Pastillen	

Krankheiten und Symptome	*Behandlung mit biochemischen Salzen*	*Ergänzende Maßnahmen*
entzündlich	*Ferrum phosphoricum* *Kalium chloratum* *Natrium chloratum* 3 x je 4 Pastillen täglich	auch äußerlich
Gemütszustände ängstlich	*Calcium phosphoricum* *Magnesium phosphoricum* 2 x je 3 Pastillen täglich	Blütenessenzen
gereizt, lebhaft	*Calcium phosphoricum* *Natrium phosphoricum* *Silicea* 3 x je 3 Pastillen täglich	
depressiv, niedergeschlagen, untröstlich	*Kalium phosphoricum* 3 x 3 Pastillen täglich	
schreckhaft	*Kalium phosphoricum* *Natrium chloratum* *Silicea* 2 x je 3 Pastillen täglich	
innere Unruhe	*Calcium phosphoricum* *Magnesium phosphoricum* 3 x je 3 Pastillen täglich	
wechselhaft	*Kalium phosphoricum* *Natrium chloratum* 3 x je 3 Pastillen täglich	
Neigung zum Weinen	*Kalium phosphoricum* *Natrium chloratum* 3 x je 3 Pastillen täglich	
zurückhaltend, zaghaft	*Calcium phosphoricum* 3 x 3 Pastillen täglich	

Krankheiten und Symptome	*Behandlung mit biochemischen Salzen*	*Ergänzende Maßnahmen*
Gerstenkorn	*Calcium fluoratum* *Kalium phosphoricum* *Magnesium phosphoricum* *Silicea* 3 x je 3 Pastillen täglich	auch äußerlich
Geruchsverlust	*Natrium chloratum* 4 x 3 Pastillen täglich	
Gicht	*Ferrum phosphoricum* *Natrium chloratum* *Calcium sulfuricum* im täglichen Wechsel mit *Natrium phosphoricum* *Natrium sulfuricum* *Silicea* jeweils 3 Pastillen 3 x täglich	Ernährung prüfen, ggf. umstellen! Auch äußerliche Anwendung
Gleichgültigkeit	*Kalium phosphoricum* *Natrium chloratum* *Natrium sulfuricum* 3 x je 4 Pastillen täglich	Energiearbeit, Blütenessenzen
Grippe grundsätzlich	*Ferrum phosphoricum* *Kalium chloratum* *Natrium sulfuricum* zu Beginn alle 30 Minuten je 3 Pastillen, später Abstände vergrößern	Bettruhe
mit Fieber über 38,5°C	zusätzlich *Kalium phosphoricum* alle 5 Minuten 1 Pastille	
vorbeugend	*Natrium sulfuricum* 3 x 4 Pastillen täglich	

Krankheiten und Symptome	*Behandlung mit biochemischen Salzen*	*Ergänzende Maßnahmen*
Haare Ausfall	*Calcium phosphoricum* *Ferrum phosphoricum* *Kalium phosphoricum* *Natrium chloratum* *Silicea* 2 x je 2 Pastillen täglich	evtl. Schilddrüse mitbehandeln, Ernährung prüfen, Entgiftung, Streßabbau
brüchig, spaltend	*Ferrum phosphoricum* *Silicea* 4 x je 3 Pastillen täglich	
trockene Schuppen	*Natrium chloratum* 3 x 3 Pastillen täglich	
fettige Schuppen	*Natrium phosphoricum* 3 x je 3 Pastillen täglich	
Hals Kitzel	*Ferrum phosphoricum* *Natrium chloratum* alle 30 Minuten je 2 Pastillen, später Abstand vergrößern	
Kloßgefühl	*Magnesium phosphoricum* 3 x 4 Pastillen	Schilddrüse mitbehandeln
Neigung zu Halsentzündungen	*Natrium phosphoricum* *Silicea* 4 x je 3 Pastillen täglich	
rauh	*Calcium fluoratum* *Ferrum phosphoricum* *Natrium chloratum* 3 x je 3 Pastillen täglich	
Schluckbeschwerden	*Ferrum phosphoricum* *Natrium sulfuricum* alle 10 Minuten je 1 Pastille	

Krankheiten und Symptome	*Behandlung mit biochemischen Salzen*	*Ergänzende Maßnahmen*
Hämorrhoiden grundsätzlich	 *Calcium fluoratum* *Kalium chloratum* 3 x je 3 Pastillen im täglichen Wechsel mit *Natrium phosphoricum* *Silicea*	 auch äußerlich
ätzend, brennend	*Calcium fluoratum* 4 x 3 Pastillen täglich	
blutend	*Ferrum phosphoricum* *Kalium chloratum* *Kalium phosphoricum* 3 x je 3 Pastillen täglich	
Hautpflege allgemein	 *Calcium fluoratum* *Kalium chloratum* *Kalium phosphoricum* *Kalium sulfuricum* *Natrium chloratum* *Silicea* 2 x je 1 Pastille täglich	 nach den Zeichen der Antlitzdiagnose Salbenmischung zusammenstellen und auftragen
Sonnenempfindlichkeit	*Calcium phosphoricum* *Ferrum phosphoricum* *Natrium chloratum* 3 x je 3 Pastillen täglich; vor der Sonnensaison mit der Einnahme beginnen	nach Sonneneinstrahlung Salben anwenden
Heiserkeit grundsätzlich	 *Calcium phosphoricum* *Magnesium phosphoricum* 3 x je 3 Pastillen täglich	

Krankheiten und Symptome	*Behandlung mit biochemischen Salzen*	*Ergänzende Maßnahmen*
bei belegter Stimme	*Natrium phosphoricum* 3 x 3 Pastillen täglich	
bei Erkältungen	*Calcium fluoratum* *Ferrum phosphoricum* *Kalium chloratum* *Kalium sulfuricum* *Natrium phosphoricum* 3 x je 2 Pastillen täglich	
mit trockenem Husten	*Ferrum phosphoricum* *Natrium chloratum* 3 x je 3 Pastillen täglich	
nach Überanstrengung der Stimmbänder	*Ferrum phosphoricum* *Kalium phosphoricum* *Natrium chloratum* 3 x je 3 Pastillen	
Heißhunger grundsätzlich	*Magnesium phosphoricum* 3 x 3 Pastillen täglich	
mit großem Durst	*Natrium chloratum* 3 x 3 Pastillen täglich	
mit schneller Sättigung	*Natrium chloratum* 3 x 3 Pastillen täglich	
Herpes (Lippenbläschen)	*Natrium chloratum* *Natrium sulfuricum* *Silicea* 3 x je 3 Pastillen täglich	auch äußerlich
Herz Herzrhythmusstörungen	*Calcium phosphoricum* *Magnesium phosphoricum* *Natrium chloratum* 3 x je 3 Pastillen täglich	ärztliche Abklärung

Krankheiten und Symptome	*Behandlung mit biochemischen Salzen*	*Ergänzende Maßnahmen*
Herzstärkung	*Calcium phosphoricum* *Kalium phosphoricum* *Magnesium phosphoricum* 2 x je 3 Pastillen täglich	
Herzunruhe	*Calcium phosphoricum* 4 x 3 Pastillen täglich	
Herzinfarkt (vorbeugend und zur Nachbehandlung)	*Calcium fluoratum* *Ferrum phosphoricum* *Kalium phosphoricum* (nicht bei hohem Blutdruck) *Kalium sulfuricum* *Magnesium phosphoricum* 2 x je 3 Pastillen täglich	*Calcium chloratum, Kalium phosphoricum* und *Magnesium phosphoricum* als Salbe auch äußerlich anwenden
Herzklappenfehler (grundsätzlich)	*Calcium fluoratum* 3 x 3 Pastillen täglich	auch äußerlich
zur Kräftigung	*Kalium phosphoricum* 3 x 3 Pastillen täglich	auch äußerlich
zur Muskelkräftigung	*Calcium phosphoricum* 2 x 3 Pastillen täglich	auch äußerlich
nervöses Herzrasen	*Calcium phosphoricum* *Kalium phosphoricum* im akuten Fall alle 5 Minuten je 1 Pastille, sonst 2 x je 3 Pastillen täglich	
Heuschnupfen akut	*Ferrum phosphoricum* *Natrium chloratum* alle 30 Minuten je 2 Pastillen	

Krankheiten und Symptome	*Behandlung mit biochemischen Salzen*	*Ergänzende Maßnahmen*
aufgedunsen	*Natrium chloratum* *Natrium sulfuricum* 4 x je 3 Pastillen täglich	
Niesreiz	*Magnesium phosphoricum* 3 x 3 Pastillen täglich	
vorbeugend	*Calcium phosphoricum* *Ferrum phosphoricum* *Natrium chloratum* 3 x je 3 Pastillen täglich	
Hexenschuß grundsätzlich	*Calcium phosphoricum* *Ferrum phosphoricum* *Magnesium phosphoricum* *Natrium phosphoricum* *Silicea* 2 x je 3 Pastillen	auch äußerlich, warme Wickel, Ernährung prüfen
mit Schwellung	*Kalium chloratum* 3 x 3 Pastillen täglich	vor allem äußerlich
mit Verstopfung	*Natrium chloratum* *Natrium sulfuricum* 3 x je 3 Pastillen täglich	
Hornhaut an den Händen und Füßen	*Calcium fluoratum* 3 x 3 Pastillen täglich	auch äußerlich
Hühneraugen	*Calcium fluoratum* *Natrium chloratum* *Silicea* 3 x je 3 Pastillen täglich	auch äußerlich als Salben und Fußbäder
Hungergefühl grundsätzlich	*Magnesium phosphoricum* *Natrium chloratum* 3 x je 3 Pastillen täglich	

Krankheiten und Symptome	*Behandlung mit biochemischen Salzen*	*Ergänzende Maßnahmen*
mit Durst	*Natrium chloratum* 4 x 3 Pastillen täglich	
nach dem Essen	*Kalium phosphoricum* 3 x 3 Pastillen täglich	
beim Fasten	*Ferrum phosphoricum* *Kalium chloratum* 3 x je 3 Pastillen täglich	
Husten bellend	*Calcium phosphoricum* 5 x 3 Pastillen täglich	
krampfartig	*Calcium phosphoricum* *Magnesium phosphoricum* 5 x je 2 Pastillen täglich	
stärker durch Sprechen oder kalte Getränke	*Silicea* 3 x 3 Pastillen täglich	
trocken, ohne Auswurf	*Ferrum phosphoricum* *Natrium chloratum* 3 x je 4 Pastillen täglich	
Impffolgen Vorbeugung	*Kalium chloratum* *Natrium phosphoricum* *Silicea* 3 x je 3 Pastillen täglich	drei Wochen vor der Impfung starten
Nachbehandlung	*Kalium chloratum* *Kalium phosphoricum* *Natrium phosphoricum* *Silicea* 4 x je 3 Pastillen täglich	

Krankheiten und Symptome	*Behandlung mit biochemischen Salzen*	*Ergänzende Maßnahmen*
Immunsystem Stärkung	*Calcium fluoratum* *Ferrum phosphoricum* *Kalium sulfuricum* *Magnesium phosphoricum* *Natrium phosphoricum* 3 x je 3 Pastillen	Entgiftung, entschlackende Bäder, Bewegung an frischer Luft, Sauna
Inkontinenz	*Calcium fluoratum* *Calcium phosphoricum* 3 x je 3 Pastillen im täglichen Wechsel mit *Kalium phosphoricum* *Natrium sulfuricum*	zusätzliche Energiebehandlung
Insektenstich grundsätzlich im Akutfall	*Natrium chloratum* alle 5 Minuten 2 Pastillen	auch äußerlich
Bienenstich	*Ferrum phosphoricum* *Kalium chloratum* alle 5 Minuten je 2 Pastillen	
Schwellung	*Kalium chloratum* 3 x 3 Pastillen	äußerlich
Juckreiz grundsätzlich	*Kalium sulfuricum* 3 x 3 Pastillen täglich	auch äußerlich
mit Abschuppung	*Kalium sulfuricum* *Natrium sulfuricum* 3 x je 3 Pastillen täglich	
bei Übersäuerung	*Natrium phosphoricum* *Silicea* 3 x je 3 Pastillen täglich	

Krankheiten und Symptome	*Behandlung mit biochemischen Salzen*	*Ergänzende Maßnahmen*
Karies	*Calcium fluoratum* *Calcium phosphoricum* *Natrium chloratum* *Silicea* in täglichem Wechsel 3 x je 3 Pastillen	Ernährung prüfen, Darmsanierung
Kieferhöhlenvereiterung	*Natrium phosphoricum* *Silicea* *Calcium sulfuricum* 3 x je 3 Pastillen täglich	auch äußerlich, heilkundige Betreuung
Knochenbruch akut	*Calcium fluoratum* *Calcium phosphoricum* *Ferrum phosphoricum* *Silicea* 4 x je 4 Pastillen täglich	ärztliche Behandlung
mit Schwellung	zusätzlich *Kalium chloratum* 3 x 4 Pastillen täglich	auch äußerlich
Pflege »alter« Brüche	*Magnesium phosphoricum* *Natrium chloratum* *Natrium phosphoricum* *Silicea* 2 x je 2 Pastillen täglich	
Knorpel Aufbau	*Kalium phosphoricum* *Natrium chloratum* 3 x je 3 Pastillen täglich	auch äußerlich
Entzündung	*Calcium fluoratum* *Ferrum phosphoricum* *Natrium chloratum* 4 x je 4 Pastillen täglich	auch äußerlich

Krankheiten und Symptome	*Behandlung mit biochemischen Salzen*	*Ergänzende Maßnahmen*
Geschwulst	*Calcium fluoratum* *Kalium phosphoricum* *Natrium phosphoricum* *Silicea* 2 x je 2 Pastillen täglich	auch äußerlich
Schäden	*Natrium chloratum* 3 x 4 Pastillen täglich	
Konzentrationsmangel	*Ferrum phosphoricum* *Kalium phosphoricum* *Kalium sulfuricum* *Natrium chloratum* 3 x je 2 Pastillen täglich	
Kopfschmerz abends zunehmend	*Kalium sulfuricum* 3 x 3 Pastillen täglich	
dumpf	*Kalium sulfuricum* 3 x 3 Pastillen täglich	
einseitig, migräneartig	*Magnesium phosphoricum* *Natrium chloratum* im Anfall alle 5 Minuten je 1 Pastille	
mit Galleerbrechen	*Ferrum phosphoricum* *Kalium chloratum* *Magnesium phosphoricum* *Natrium chloratum* *Natrium sulfuricum* im Anfall alle 5 Minuten je 1 Pastille	
geistige Überanstrengung	*Kalium phosphoricum* *Natrium chloratum* alle 30 Minuten je 2 Pastillen	

Krankheiten und Symptome	*Behandlung mit biochemischen Salzen*	*Ergänzende Maßnahmen*
an der Stirn beginnend, zum Hinterkopf ziehend	*Calcium phosphoricum* gleich zu Beginn des Anfalls alle 5 Minuten 1 Pastille	
im Hinterkopf beginnend, hämmernd	*Natrium chloratum* *Silicea* gleich zu Beginn des Anfalls alle 5 Minuten je 1 Pastille	
rasend	*Natrium chloratum* im Anfall alle 5 Minuten 1 Pastille	
einschießend, pochend	*Magnesium phosphoricum* als »heiße Sieben« (S. 81)	
wandernd	*Magnesium phosphoricum* als »heiße Sieben« (S. 81)	
Krampfadern grundsätzlich	*Calcium fluoratum* *Kalium chloratum* *Magnesium phosphoricum* *Natrium phosphoricum* *Silicea* im täglichen Wechsel 4 x je 3 Pastillen	*Calcium fluoratum* und *Silicea* auch äußerlich
vorbeugend	*Calcium fluoratum* *Kalium chloratum* im täglichen Wechsel mit *Natrium phosphoricum* *Silicea* 3 x je 3 Pastillen	*Calcium fluoratum* und *Silicea* auch äußerlich

Krankheiten und Symptome	*Behandlung mit biochemischen Salzen*	*Ergänzende Maßnahmen*
schmerzend	*Ferrum phosphoricum* *Kalium sulfuricum* *Silicea* 3 x je 3 Pastillen täglich	
Krämpfe grundsätzlich	 *Calcium phosphoricum* im Anfall alle 5 Minuten 1 Pastille *Magnesium phosphoricum* als »heiße Sieben« (S. 81)	
Wadenkrampf	*Calcium phosphoricum* *Kalium phosphoricum* *Magnesium phosphoricum* *Natrium chloratum* alle 3 Minuten je 3 Pastillen im Wechsel	auch äußerlich
Krebs begleitend	 *Calcium fluoratum* *Calcium phosphoricum* *Kalium phosphoricum* *Magnesium phosphoricum* *Natrium phosphoricum* *Silicea* im täglichen Wechsel 3 x je 4 Pastillen	 psychologische Betreuung, Ernährung prüfen, ggf. umstellen
Kreislauf Schwankungen	 *Calcium phosphoricum* *Kalium phosphoricum* *Magnesium phosphoricum* *Natrium chloratum* 3 x je 3 Pastillen täglich	

Krankheiten und Symptome	*Behandlung mit biochemischen Salzen*	*Ergänzende Maßnahmen*
Schwäche	*Kalium phosphoricum* *Magnesium phosphoricum* 3 x je 3 Pastillen täglich	
Kribbeln in den Gliedmaßen	*Calcium phosphoricum* *Silicea* 3 x je 3 Pastillen täglich	auch äußerlich
Lampenfieber	*Magnesium phosphoricum* akut: alle 10 Minuten 1 Pastille; länger anhaltend: 3 x 3 Pastillen täglich	
Lebensmüdigkeit	*Kalium phosphoricum* *Natrium chloratum* *Natrium sulfuricum* *Silicea* alle 2 Stunden je 1 Pastille im Wechsel	psychologische Unterstützung
Leber grundsätzlich	 *Kalium sulfuricum* 3 x 3 Pastillen täglich	 Antlitzdiagnose beachten
Leberflecken	*Kalium sulfuricum* *Natrium sulfuricum* 3 x je 3 Pastillen täglich	
beginnende Leberschrumpfung	*Kalium sulfuricum* *Natrium sulfuricum* 4 x je 3 Pastillen täglich	ärztliche Betreuung, Alkoholabstinenz
Stärkung der Leber	*Ferrum phosphoricum* *Kalium sulfuricum* 3 x je 3 Pastillen täglich	Entgiftung

Krankheiten und Symptome	*Behandlung mit biochemischen Salzen*	*Ergänzende Maßnahmen*
Leberstörung	*Kalium chloratum* *Kalium sulfuricum* *Natrium sulfuricum* 3 x je 3 Pastillen täglich	Entgiftung
Leberträgheit	*Kalium sulfuricum* *Magnesium phosphoricum* *Natrium sulfuricum* 3 x je 3 Pastillen täglich	Entgiftung
Lernfähigkeit	*Calcium fluoratum* 3 x 3 Pastillen täglich	
Lippen Bläschen	 *Kalium phosphoricum* *Natrium chloratum* 3 x je 3 Pastillen täglich	 auch äußerlich
gesprungen	*Kalium sulfuricum* *Natrium chloratum* 2 x je 3 Pastillen täglich	auch äußerlich
rissig	*Calcium fluoratum* 3 x 3 Pastillen täglich	auch äußerlich
Magen Druckgefühl	 *Kalium chloratum* *Kalium sulfuricum* 3 x je 3 Pastillen täglich	 Ernährung prüfen
Gefühl des leeren Magens	*Magnesium phosphoricum* 3 x 3 Pastillen täglich	
nervös	*Magnesium phosphoricum* *Natrium chloratum* *Natrium phosphoricum* 3 x je 3 Pastillen täglich	
Säureüberschuß	*Natrium phosphoricum* 4 x 3 Pastillen täglich	

Krankheiten und Symptome	*Behandlung mit biochemischen Salzen*	*Ergänzende Maßnahmen*
fehlende Säure	*Magnesium phosphoricum* jeweils vor dem Essen *Natrium phosphoricum* jeweils nach dem Essen 3 x je 3 Pastillen	
Völlegefühl	*Kalium sulfuricum* 3 x 3 Pastillen täglich	
Menstruation Blut dunkel, klumpig	 *Kalium chloratum* 3 x 3 Pastillen täglich	
Blut dünn, nicht gerinnend	*Kalium phosphoricum* *Natrium chloratum* *Natrium sulfuricum* 3 x je 3 Pastillen täglich	
Blutung zu stark	*Calcium fluoratum* 4 x 4 Pastillen täglich	
Periode, schmerzend	*Calcium phosphoricum* 3 x 3 Pastillen täglich *Magnesium phosphoricum* als »heiße Sieben« (S. 81)	
Migräne grundsätzlich	 *Calcium phosphoricum* *Magnesium phosphoricum* 3 x je 3 Pastillen, beide in heißem Wasser einnehmen	
mit Kreislaufstörungen	*Ferrum phosphoricum* *Kalium phosphoricum* *Magnesium phosphoricum* alle 5 Minuten je 1 Pastille	

Krankheiten und Symptome	*Behandlung mit biochemischen Salzen*	*Ergänzende Maßnahmen*
Milz Seitenstechen	 *Magnesium phosphoricum* als »heiße Sieben« (S. 81) *Natrium chloratum* alle 5 Minuten 1 Pastille	
Mondfühligkeit	*Calcium phosphoricum* *Natrium phosphoricum* *Silicea* 3 x je 3 Pastillen täglich	
Müdigkeit grundsätzlich	 *Ferrum phosphoricum* *Kalium phosphoricum* *Kalium sulfuricum* *Natrium phosphoricum* 3 x je 3 Pastillen täglich	 Entgiftung, Ernährung prüfen, Schlafplatz ausrichten und entstören
nach dem Essen	*Kalium sulfuricum* *Natrium phosphoricum* *Natrium sulfuricum* 3 x je 4 Pastillen täglich	
Mund Mundgeruch	 *Calcium phosphoricum* *Kalium phosphoricum* *Natrium chloratum* 3 x je 3 Pastillen täglich	 Beschreibungen der Zungendiagnose beachten
trockener Mund	*Natrium chloratum* 4 x 3 Pastillen täglich	
rissige Mundwinkel	*Calcium fluoratum* 3 x 3 Pastillen täglich	
Zuckungen	*Magnesium phosphoricum* *Silicea* 3 x je 3 Pastillen täglich	

Krankheiten und Symptome	*Behandlung mit biochemischen Salzen*	*Ergänzende Maßnahmen*
Muskeln Erschöpfung	*Ferrum phosphoricum* *Kalium phosphoricum* alle 30 Minuten je 3 Pastillen	Bad mit 25 Pastillen *Ferrum phosphoricum*
Muskelkater	*Ferrum phosphoricum* *Kalium sulfuricum*	Bad mit 25 Pastillen *Ferrum phosphoricum,* auch äußerlich als Salbe anwenden
vorbeugend	vor dem Sport 25 Pastillen *Ferrum phosphoricum* in 1/2 l Wasser trinken, nach dem Sport *Kalium sulfuricum* 20 Pastillen in 1 Stunde	
bestehend	alle 5 Minuten 2 Pastillen *Kalium sulfuricum* und 1 Pastille *Ferrum phosphoricum*	
Muskelriß	*Calcium fluoratum* *Ferrum phosphoricum* *Kalium phosphoricum* *Natrium chloratum* 4 x je 3 Pastillen täglich	
Muskelzuckungen	*Calcium phosphoricum* *Magnesium phosphoricum* *Natrium chloratum* 4 x je 3 Pastillen täglich	auch äußerlich
Überdehnung	*Calcium fluoratum* *Ferrum phosphoricum* *Silicea* 3 x je 3 Pastillen täglich	

Krankheiten und Symptome	*Behandlung mit biochemischen Salzen*	*Ergänzende Maßnahmen*
Verhärtungen	*Calcium fluoratum* *Kalium sulfuricum* *Silicea* 4 x je 3 Pastillen täglich	*Calcium fluoratum* und *Silicea* auch äußerlich
Muskelrheumatismus	*Ferrum phosphoricum* *Kalium sulfuricum* *Natrium phosphoricum* *Silicea* *Calcium sulfuricum* 4 x je 3 Pastillen täglich	Entgiftung, Energiebehandlungen, Ernährung prüfen, Störfelder
Nachtschweiß	*Natrium chloratum* *Natrium phosphoricum* *Silicea* 3 x je 3 Pastillen täglich	bei Nachtschweiß länger als eine Woche Abklärung durch Heilkundigen
Nacken Schmerzen	*Calcium fluoratum* *Calcium phosphoricum* *Magnesium phosphoricum* 3 x je 3 Pastillen täglich	auch äußerlich
verspannt	*Calcium phosphoricum* 3 x 3 Pastillen täglich	auch äußerlich
Nägel grundsätzlich	*Calcium fluoratum* *Silicea* 2 x je 3 Pastillen täglich	auch äußerlich
brüchig	*Calcium fluoratum* *Silicea* 3 x je 3 Pastillen täglich	auch äußerlich
eingewachsen	*Kalium chloratum* 3 x 3 Pastillen täglich	auch äußerlich

Krankheiten und Symptome	*Behandlung mit biochemischen Salzen*	*Ergänzende Maßnahmen*
verformt	*Calcium fluoratum* *Silicea* 3 x je 3 Pastillen täglich	
Nagelbett Eiterung	 *Silicea* *Calcium sulfuricum* 3 x je 3 Pastillen täglich	 *Calcium sulfuricum* auch äußerlich
Entzündung	*Ferrum phosphoricum* *Silicea* *Calcium sulfuricum* 3 x je 3 Pastillen täglich	
Narben Pflege	 *Calcium fluoratum* *Kalium chloratum* 2 x je 3 Pastillen täglich	 auch äußerlich
Verhärtung	*Calcium fluoratum* 4 x 3 Pastillen täglich	auch äußerlich
Nerven beruhigend	 *Calcium phosphoricum* *Magnesium phosphoricum* 4 x je 3 Pastillen täglich	
gereizt	*Silicea* 3 x 3 Pastillen täglich	
Nervenfieber	*Calcium phosphoricum* *Kalium phosphoricum* *Natrium chloratum* akut: alle 5 Minuten je 1 Pastille, später reduzieren auf 4 x je 3 Pastillen täglich	

Krankheiten und Symptome	*Behandlung mit biochemischen Salzen*	*Ergänzende Maßnahmen*
Nervenstärkung	*Calcium phosphoricum* *Kalium phosphoricum* *Magnesium phosphoricum* *Natrium chloratum* 3 x je 3 Pastillen täglich	
Nesselausschlag	*Kalium chloratum* *Natrium chloratum* *Natrium sulfuricum* 3 x je 4 Pastillen im stündlichen Wechsel mit *Kalium phosphoricum* *Magnesium phosphoricum* *Natrium phosphoricum*	auch äußerlich: Paste aus den aufgelösten Pastillen auf die nesselnden Stellen streichen
Neurodermitis	*Kalium chloratum* *Kalium sulfuricum* *Natrium phosphoricum* 4 x je 3 Pastillen täglich	heilkundige Betreuung, Ernährung prüfen und ggf. umstellen, Blütenessenzen, Darmsanierung, Energiebehandlung
Nieren grundsätzlich	 *Kalium chloratum* *Natrium chloratum* *Natrium phosphoricum* 4 x je 3 Pastillen täglich	
Nierengrieß	*Magnesium phosphoricum* *Natrium phosphoricum* *Natrium sulfuricum* *Silicea* 3 x je 3 Pastillen täglich	

Krankheiten und Symptome	*Behandlung mit biochemischen Salzen*	*Ergänzende Maßnahmen*
Nierenkolik	*Calcium fluoratum* 3 x 3 Pastillen *Magnesium phosphoricum* als »heiße Sieben« (S. 81)	
Nierenstärkung	*Kalium chloratum* *Kalium sulfuricum* *Natrium chloratum* 3 x je 3 Pastillen täglich	
Wanderniere	*Calcium fluoratum* *Silicea* 4 x je 3 Pastillen täglich	
Ödem	*Kalium chloratum* *Natrium chloratum* *Natrium sulfuricum* *Silicea* 4 x je 3 Pastillen täglich	Nieren und Herz entlasten, auf Ernährung achten
Ohren Geräusche	 *Silicea* 3 x 3 Pastillen täglich	
Hörstörungen bei Erkältungen	*Kalium chloratum* 3 x 3 Pastillen täglich	
Ohrenschmalz, käsig riechend	*Kalium sulfuricum* *Magnesium phosphoricum* *Natrium phosphoricum* 2 x je 3 Pastillen täglich	
Überdruck	*Kalium chloratum* *Natrium sulfuricum* 3 x je 3 Pastillen täglich	
leicht taub, wie verstopft	*Silicea* 3 x 3 Pastillen täglich	

Krankheiten und Symptome	*Behandlung mit biochemischen Salzen*	*Ergänzende Maßnahmen*
Ohrenschmerzen blitzartig	*Magnesium phosphoricum* *Natrium sulfuricum* alle 5 Minuten je 1 Pastille	
stechend, pulsierend	*Ferrum phosphoricum* alle 5 Minuten 1 Pastille	
Operationen vorbereitend	*Ferrum phosphoricum* *Kalium chloratum* 4 x je 4 Pastillen täglich, 5 Tage vor der Operation beginnen	energetisch einstimmen
Nachbehandlung	*Calcium phosphoricum* *Ferrum phosphoricum* *Kalium chloratum* *Natrium sulfuricum* *Silicea* 3 x je 2 Pastillen täglich	
Osteoporose	*Calcium fluoratum* *Calcium phosphoricum* *Magnesium phosphoricum* 4 x je 4 Pastillen täglich	Ernährung prüfen, ggf. umstellen, Muskelaufbau
Prellung	*Calcium fluoratum* *Ferrum phosphoricum* *Kalium chloratum* 4 x je 3 Pastillen täglich	auch äußerlich
Prostatavergrößerung	*Calcium fluoratum* *Magnesium phosphoricum* *Natrium chloratum* *Natrium sulfuricum* 3 x je 3 Pastillen täglich	Ernährung prüfen, Entgiftung durchführen

Krankheiten und Symptome	*Behandlung mit biochemischen Salzen*	*Ergänzende Maßnahmen*
Quetschungen grundsätzlich	 *Ferrum phosphoricum* 4 x 3 Pastillen täglich	 auch äußerlich
mit Schwellung	zusätzlich *Kalium chloratum* 4 x 3 Pastillen täglich	
Rauchen grundsätzlich	 *Kalium chloratum* *Magnesium phosphoricum* *Natrium chloratum* *Natrium sulfuricum* 3 x je 3 Pastillen täglich	
Entwöhnung	*Calcium phosphoricum* *Magnesium phosphoricum* 4 x je 4 Pastillen täglich, auch häufiger	Blütenessenzen
Räuspern	*Natrium chloratum* *Natrium phosphoricum* 3 x je 3 Pastillen	
Reisekrankheit	*Magnesium phosphoricum* *Natrium chloratum* alle 5 Minuten je 1 Pastille	Blütenessenzen
Jetlag	*Kalium phosphoricum* *Magnesium phosphoricum* *Silicea* stündlich je 3 Pastillen	
Reizbarkeit grundsätzlich	 *Calcium phosphoricum* *Kalium phosphoricum* *Natrium chloratum* 4 x je 3 Pastillen täglich	

Krankheiten und Symptome	*Behandlung mit biochemischen Salzen*	*Ergänzende Maßnahmen*
durch Erschöpfung	*Kalium phosphoricum* *Natrium chloratum* 3 x je 3 Pastillen täglich	
bei Kindern	*Silicea* 4 x 3 Pastillen täglich	
durch Übersäuerung	*Natrium phosphoricum* *Silicea* 3 x je 3 Pastillen täglich	
Rheumatismus zum Säureabbau	*Natrium phosphoricum* *Natrium sulfuricum* *Silicea* 3 x je 3 Pastillen täglich	Entschlackung, Ernährung prüfen, ggf. umstellen
Schmerz abends verstärkt	*Kalium sulfuricum* 4 x 3 Pastillen täglich	
Schmerzen stechend	*Magnesium phosphoricum* 4 x 3 Pastillen täglich	
mit Schwellung	*Kalium chloratum* 4 x 3 Pastillen täglich	
Rückenschmerzen mit Fieber bis 38,5°C	*Ferrum phosphoricum* im Anfall alle 5 Minuten 1 Pastille	
Muskelzerrung	*Ferrum phosphoricum* alle 30 Minuten 3 Pastillen	auch äußerlich
rheumatisch	*Kalium sulfuricum* *Natrium phosphoricum* *Silicea* 4 x je 4 Pastillen täglich	

Krankheiten und Symptome	*Behandlung mit biochemischen Salzen*	*Ergänzende Maßnahmen*
Scheide brennend und wund	*Natrium chloratum* 3 x 3 Pastillen täglich	auch äußerlich
erhöhte Reizbarkeit	*Ferrum phosphoricum* *Magnesium phosphoricum* *Silicea* 4 x je 3 Pastillen täglich	
trocken	*Kalium sulfuricum* *Natrium chloratum* *Natrium phosphoricum* 3 x je 3 Pastillen täglich	
trocken und heiß	*Ferrum phosphoricum* 4 x 3 Pastillen täglich	
Schilddrüse grundsätzlich	*Calcium phosphoricum* *Magnesium phosphoricum* 3 x je 3 Pastillen täglich	
Schwellung	*Kalium chloratum* *Magnesium phosphoricum* *Natrium phosphoricum* 3 x je 3 Pastillen täglich	auch äußerlich, phytologische Zusatzbehandlung
Fehlfunktion	*Magnesium phosphoricum* 4 x 3 Pastillen täglich	
Schlaf Einschlafstörungen	*Calcium phosphoricum* *Magnesium phosphoricum* vor dem Schlafengehen je 5 Pastillen	Blütenessenzen
Erwachen zwischen 1 und 3 Uhr nachts	*Kalium sulfuricum* 4 x 4 Pastillen täglich	

Krankheiten und Symptome	*Behandlung mit biochemischen Salzen*	*Ergänzende Maßnahmen*
Zuckungen im Schlaf	*Silicea* 3 x 3 Pastillen täglich	
Schlafwandeln	*Natrium chloratum* *Natrium phosphoricum* *Silicea* 3 x je 3 Pastillen täglich	Blütenessenzen
schläfrig vormittags nach geistiger Arbeit	*Natrium sulfuricum* 4 x 3 Pastillen täglich	
während des Tages	*Kalium phosphoricum* *Kalium sulfuricum* *Natrium chloratum* 3 x je 3 Pastillen täglich	
Schluckauf	*Calcium phosphoricum* *Magnesium phosphoricum* im Anfall alle 2 Minuten je 1 Pastille	auch äußerlich: Salben entlang des Rippenbogens und hinter den Ohren auftragen
Schuppenflechte (Psoriasis) grundsätzlich	*Calcium fluoratum* *Calcium phosphoricum* *Kalium sulfuricum* *Magnesium phosphoricum* 3 x je 3 Pastillen täglich	lange Einnahme erforderlich
durch Übersäuerung	*Natrium phosphoricum* *Natrium sulfuricum* *Silicea* 3 x je 3 Pastillen täglich	

Krankheiten und Symptome	*Behandlung mit biochemischen Salzen*	*Ergänzende Maßnahmen*
Schwangerschaft grundsätzlich	*Calcium fluoratum* *Calcium phosphoricum* *Silicea* 4 x je 4 Pastillen täglich	auch äußerlich
mit Erbrechen	*Ferrum phosphoricum* im Anfall alle 5 Minuten 1 Pastille	
Sodbrennen	*Natrium chloratum* akut alle 5 Minuten 3 Pastillen, sonst 3 x 4 Pastillen täglich	
Schweiß ätzend	*Calcium fluoratum* *Natrium chloratum* 3 x je 4 Pastillen täglich	auch äußerlich
geruchlos	*Calcium phosphoricum* 3 x 3 Pastillen täglich	
sauer	*Natrium phosphoricum* 4 x 4 Pastillen täglich	
stinkend, wundmachend	*Silicea* 3 x 3 Pastillen täglich	
Schwindel grundsätzlich	*Calcium fluoratum* *Ferrum phosphoricum* *Kalium chloratum* 3 x je 3 Pastillen täglich	
durch Blutarmut	*Calcium phosphoricum* *Ferrum phosphoricum* *Natrium chloratum* 3 x je 3 Pastillen täglich	

Krankheiten und Symptome	*Behandlung mit biochemischen Salzen*	*Ergänzende Maßnahmen*
Drehschwindel	*Kalium phosphoricum* 4 x 4 Pastillen täglich	
vom Nacken aufsteigend	*Silicea* 4 x 3 Pastillen täglich	
mit Schwäche	*Silicea* 4 x 3 Pastillen täglich	
durch Schwächezustände	*Kalium phosphoricum* *Magnesium phosphoricum* *Natrium chloratum* 4 x je 4 Pastillen täglich	
Seekrankheit grundsätzlich	*Magnesium phosphoricum* *Natrium phosphoricum* *Silicea* akut alle 2 Minuten je 1 Pastille	
mit Erbrechen	zusätzlich *Natrium sulfuricum* akut alle 5 Minuten 1 Pastille	
vorbeugend	*Natrium phosphoricum* *Silicea* 4 x je 4 Pastillen täglich, drei Tage vor der Reise beginnen	
Sodbrennen grundsätzlich	*Natrium chloratum* *Natrium phosphoricum* *Natrium sulfuricum* 3 x je 4 Pastillen täglich	

Krankheiten und Symptome	*Behandlung mit biochemischen Salzen*	*Ergänzende Maßnahmen*
Aufstoßen von Unverdautem	*Ferrum phosphoricum* 4 x 4 Pastillen täglich	
mit Magenkrämpfen	*Magnesium phosphoricum* alle 5 Minuten 2 Pastillen oder als »heiße Sieben« einnehmen (S. 81)	
Sommersprossen	*Kalium chloratum* *Kalium sulfuricum* 4 x je 4 Pastillen täglich	langfristige Einnahme
Sonnenbrand	*Ferrum phosphoricum* *Natrium chloratum* alle 30 Minuten je 3 Pastillen	auch äußerlich
Stimme heiser und rauh	*Calcium phosphoricum* alle 30 Minuten 3 Pastillen	
Verlust	*Kalium phosphoricum* alle 30 Minuten 3 Pastillen	
Stuhl nur unter starkem Druck und gleitet zum Teil wieder zurück	*Silicea* 4 x 4 Pastillen täglich	ausreichend trinken
dünn	*Calcium phosphoricum* 3 x 3 Pastillen täglich	
grün	*Calcium phosphoricum* *Natrium sulfuricum* 3 x je 3 Pastillen täglich	
hart und knollig	*Natrium sulfuricum* 3 x 3 Pastillen täglich	

Krankheiten und Symptome	*Behandlung mit biochemischen Salzen*	*Ergänzende Maßnahmen*
sehr hell	*Kalium chloratum* *Kalium sulfuricum* 3 x je 3 Pastillen täglich	
sauer, scharf riechend	*Natrium phosphoricum* 3 x 3 Pastillen täglich	
Übelkeit grundsätzlich	 *Ferrum phosphoricum* *Kalium chloratum* *Kalium sulfuricum* 3 x je 3 Pastillen täglich	
morgens	*Kalium phosphoricum* 3 x 3 Pastillen täglich	
Übersäuerung	*Natrium chloratum* *Natrium phosphoricum* *Natrium sulfuricum* *Silicea* 3 x je 3 Pastillen täglich	
Unfruchtbarkeit bei Frauen	*Calcium phosphoricum* *Calcium sulfuricum* 4 x je 3 Pastillen täglich	Ernährung prüfen, Amalgam ausleiten, Energiebehandlung
Ungeduld	*Calcium phosphoricum* *Magnesium phosphoricum* 3 x je 3 Pastillen täglich	Blütenessenzen
Vergeßlichkeit	*Calcium fluoratum* *Kalium phosphoricum* 3 x je 3 Pastillen täglich	
Vergiftung durch Alkohol	 *Kalium chloratum* *Natrium chloratum* *Natrium sulfuricum* 4 x je 4 Pastillen täglich	

Krankheiten und Symptome	*Behandlung mit biochemischen Salzen*	*Ergänzende Maßnahmen*
Arznei- und Genußmittel	*Kalium chloratum* *Natrium sulfuricum* 4 x je 4 Pastillen täglich	
Impfung	*Kalium chloratum* *Kalium sulfuricum* 4 x je 4 Pastillen täglich	
Rauch	*Kalium chloratum* *Kalium phosphoricum* *Natrium chloratum* 3 x je 12 Pastillen täglich	
Suchtgifte	*Kalium phosphoricum* 4 x 4 Pastillen täglich	
Verkalkung vorbeugend	 *Calcium fluoratum* *Calcium phosphoricum* *Natrium phosphoricum* *Silicea* 2 x je 3 Pastillen täglich	
Verlangen nach Alkohol	 *Calcium phosphoricum* *Magnesium phosphoricum* *Natrium chloratum* 3 x je 3 Pastillen täglich	
Bewegung	*Silicea* 3 x 3 Pastillen täglich	
Bitterem	*Kalium sulfuricum* *Natrium sulfuricum* 3 x je 3 Pastillen täglich	
Essig	*Natrium chloratum* *Natrium phosphoricum* 3 x je 4 Pastillen täglich	

Krankheiten und Symptome	*Behandlung mit biochemischen Salzen*	*Ergänzende Maßnahmen*
Geräuchertem	*Calcium phosphoricum* 3 x 3 Pastillen täglich	
Kaffee oder Kakao	*Magnesium phosphoricum* 3 x 3 Pastillen täglich	
Süßigkeiten	*Natrium phosphoricum* *Silicea* 3 x je 3 Pastillen täglich	
Salzigem	*Calcium phosphoricum* *Natrium chloratum* 3 x je 3 Pastillen täglich	
Verstauchung oder Verrenkung	*Calcium fluoratum* *Ferrum phosphoricum* *Kalium chloratum* *Silicea* 3 bis je 5 Pastillen täglich	
Warzen	*Calcium fluoratum* *Kalium chloratum* *Natrium sulfuricum* 3 x je 3 Pastillen täglich	auch äußerlich
Weinerlichkeit	*Kalium phosphoricum* *Natrium chloratum* 5 x je 3 Pastillen täglich	Blütenessenzen
Wirbelsäulenstärkung	*Calcium fluoratum* *Calcium phosphoricum* *Silicea* 3 x je 3 Pastillen täglich	
Zellaufbau	*Calcium phosphoricum* *Kalium phosphoricum* *Natrium chloratum* 3 x je 3 Pastillen täglich	

Fragebogen zur Eigendiagnose

Zu jedem einzelnen Schüssler-Salz finden Sie nachfolgend einen Fragebogen, mit dem Sie ermitteln können, ob Ihnen das entsprechende Funktionsmittel fehlt und wie hoch die Dosis sein sollte, um einen Mangel wieder auszugleichen. Versuchen Sie, eine Antwort gemäß den Kategorien »Trifft nicht zu« (Ø), »Trifft manchmal zu« (+), »Trifft zu« (++) zu geben. Zum Schluß ist eine einfache Anleitung zur Auswertung Ihrer Antworten vorgestellt.

Den Fragenkatalog arbeiten Sie – je nach Ihrem Befinden – am besten wöchentlich durch, um die Dosierung dem aktuellen Bedarf anpassen zu können.

Fragen zu *Calcium fluoratum*	Trifft nicht zu Ø	Trifft manchmal zu +	Trifft zu + +
1. Leiden Sie unter Karies oder Parodontose?			
2. Leiden Sie unter Osteoporose oder Arthrose?			
3. Leiden Sie unter Rückenschmerzen (Hexenschuß oder Ischias), die nach dem Aufstehen besser werden?			
4. Haben Sie Kreuzschmerzen beim Bücken?			
5. Neigen Sie zu Verhärtungen im Schulterbereich?			
6. Knacken die Gelenke beim Aufstehen oder in Bewegung?			
7. Neigen Sie zu starker Hornhautbildung an den Händen oder Füßen oder zu rissiger Haut?			
8. Leiden Sie unter Hämorrhoiden oder Schleimhauteinrissen?			
9. Neigen Sie zu Krampfadern, offenen Beinen oder Venenentzündungen?			
10. Zeigt Ihre Haut frühzeitig Alterungserscheinungen, Runzeln oder Elastizitätsverlust?			
Anzahl der Kreuze			

Fragen zu *Calcium phosphoricum*	Trifft nicht zu Ø	Trifft manchmal zu +	Trifft zu + +
11. Leiden Sie unter geschwollenen Lymphknoten?			
12. Neigen Sie zu sehr starker Schweißbildung, auch nachts?			
13. Leiden Sie unter lang anhaltenden krampfartigen Schmerzen?			
14. Fühlen Sie sich durch körperliche oder geistige Anstrengung schnell erschöpft?			
15. Leiden Sie unter Schlafstörungen?			
16. Neigen Sie zu Schmerzen mit Kälte- oder Taubheitsgefühlen, die sich nachts oder in Ruhe verschlimmern?			
17. Leiden Sie unter Schuppen oder Flechten?			
18. Neigen Sie zu Schwindel?			
19. Verstärken sich die Beschwerden nach dem Essen?			
20. Verstärken sich die Beschwerden nach dem Genuß von Kaffee oder Tabak?			
Anzahl der Kreuze			

Fragen zu *Ferrum phosphoricum*	Trifft nicht zu Ø	Trifft manch-mal zu +	Trifft zu + +
21. Neigen Sie allgemein zu Entzündungen (z. B. der Augen, der Mandeln, der Harnwege, zu Bronchitis)?			
22. Haben Sie zur Zeit Fieber unter 38,5°C?			
23. Sind Ihre Beschwerden nachts schlimmer?			
24. Werden die Beschwerden durch Wärme oder Bewegung schlimmer?			
25. Wird Ihnen beim schnellen Aufstehen manchmal schwarz vor Augen?			
26. Bekommen Sie nach körperlichen Aktivitäten leicht Muskelkater?			
27. Neigen Sie zu entzündeten Hämorrhoiden oder frischen Analblutungen?			
28. Neigen Sie zu schmerzhaften, stark blutenden Regelbeschwerden?			
29. Neigen Sie zu Heiserkeit durch Reden oder Singen?			
30. Verstärken sich die Beschwerden morgens zwischen 4.00 und 6.00 Uhr vor allem rechtsseitig?			
Anzahl der Kreuze			

Fragen zu *Kalium chloratum*	Trifft nicht zu Ø	Trifft manchmal zu +	Trifft zu + +
31. Verbessert Wärme Ihre Beschwerden?			
32. Neigen Sie vor allem im Sommer zu Durchfällen, die gelegentlich auch mit Benommenheit einhergehen?			
33. Neigen Sie bei Husten zu Auswurf, der dick oder fadenziehend ist?			
34. Neigen Sie zu chronischen Schleimhautschwellungen, wie z. B. Bronchitis oder Nebenhöhlenentzündungen?			
35. Verschlimmern sich die Beschwerden nach Genuß von Kuchen, Fetten oder stark gewürzten Speisen?			
36. Leiden Sie vor allem morgens unter verklebten Augen?			
37. Neigen Sie zu Warzen?			
38. Neigen Sie zu Steifheit in den Gelenken oder rheumatischen Beschwerden?			
39. Neigen Sie schon nach geringer Anstrengung zu Sehnenscheidenentzündungen?			
40. Leiden Sie unter der Augenerkrankung »grauer Star?«			
Anzahl der Kreuze			

Fragen zu *Kalium phosphoricum*	Trifft nicht zu Ø	Trifft manch-mal zu +	Trifft zu + +
41. Neigen Sie zu Niedergeschlagenheit oder depressiven Stimmungen?			
42. Neigen Sie zum Weinen?			
43. Fällt Ihnen geistige Arbeit schwer?			
44. Fühlen Sie sich überreizt und nervös?			
45. Schlägt Ihnen Aufregung auf den Magen oder Darm?			
46. Verspüren Sie eine allgemeine Muskelschwäche und Kreuzschmerzen?			
47. Leiden Sie unter Völlegefühl oder Blähungen?			
48. Leiden Sie unter Blasenschwäche?			
49. Leiden Sie an nervösem Asthma?			
50. Nehmen die Beschwerden zwischen 2.00 und 5.00 Uhr nachts zu?			
Anzahl der Kreuze			

Fragen zu *Kalium sulfuricum*	Trifft nicht zu Ø	Trifft manchmal zu +	Trifft zu + +
51. Leiden Sie unter nächtlichem Herzklopfen?			
52. Werden Sie nach dem Essen müde?			
53. Neigen Sie zu ängstlicher trauriger Stimmung?			
54. Kommen Sie morgens schlecht aus dem Bett?			
55. Verschlimmern sich die Beschwerden in geschlossenen Räumen?			
56. Verschlimmern sich die Beschwerden gegen Abend oder bei Wärme?			
57. Leiden Sie unter nächtlichem Hautjucken?			
58. Verschafft Ihnen Kälte Linderung?			
59. Leiden Sie unter Rheumatismus?			
60. Neigen Sie zu Leberflecken?			
Anzahl der Kreuze			

Fragen zu *Magnesium phosphoricum*	Trifft nicht zu Ø	Trifft manch-mal zu +	Trifft zu + +
61. Sind die Beschwerden blitzartig und einschießend (oder bohrend und krampfartig)?			
62. Bessern sich die Beschwerden durch festen Druck oder durch Zusammenkrümmen?			
63. Verstärken sich die Beschwerden durch Kälte?			
64. Leiden Sie unter krampfartigen Schmerzen der inneren Organe, bei denen Ihnen Wärme gut tut?			
65. Leiden Sie unter Migräne?			
66. Haben Sie häufiger Schluckauf?			
67. Leiden Sie unter Muskelzuckungen, vor allem der Gesichtsmuskulatur?			
68. Haben Sie manchmal ein Kloßgefühl im Hals?			
69. Erröten Sie leicht, wenn Sie in Verlegenheit gebracht werden?			
70. Haben Sie Durst auf kalte Getränke?			
Anzahl der Kreuze			

Fragen zu *Natrium chloratum*	Trifft nicht zu Ø	Trifft manch-mal zu +	Trifft zu + +
71. Neigen Sie dazu, zerstreut zu sein?			
72. Fällt Ihnen das Denken schwer?			
73. Fühlen Sie sich traurig, wollen jedoch nicht getröstet werden?			
74. Hindern Sie Grübeleien daran, einzuschlafen?			
75. Verspüren Sie in den Augen häufiger ein »Sandkorngefühl«?			
76. Neigt Ihre Haut zu Rissen und Schrunden, die Finger zu Nietnägeln?			
77. Neigen Sie zu Herpes (schmerzhafter Bläschenausschlag an den Lippen)?			
78. Zeigt Ihre Gesichtshaut eine gröbere Struktur und neigt zum Glänzen?			
79. Neigen Sie zu Herzklopfen, das sich verschlimmert, wenn Sie auf der linken Seite liegen?			
80. Verspüren Sie ein starkes Verlangen nach Gesalzenem oder Pikantem?			
Anzahl der Kreuze			

Fragen zu *Natrium phosphoricum*	Trifft nicht zu Ø	Trifft manchmal zu +	Trifft zu + +
81. Neigen Sie zu Sodbrennen oder saurem Aufstoßen?			
82. Neigen Sie zu saurer Schweißabsonderung, besonders an den Füßen?			
83. Leiden Sie unter Pickeln und Mitessern?			
84. Fetten Ihre Haare schnell nach?			
85. Leiden Sie unter offenen Beinen oder schlecht heilenden Wunden?			
86. Zeigt Ihr Gesicht einen Doppelkinnansatz?			
87. Leiden Sie in Abständen an Ohrenjukken oder Ohrenfluß?			
88. Reagieren Sie leicht »sauer«?			
89. Haben Sie den Eindruck, daß Sie nachts im Bett nicht richtig warm werden?			
90. Nehmen die Beschwerden nach dem Genuß von Süßigkeiten zu?			
Anzahl der Kreuze			

Fragen zu *Natrium sulfuricum*	Trifft nicht zu Ø	Trifft manch-mal zu +	Trifft zu + +
91. Fühlen Sie sich aufgedunsen und »überwässert«?			
92. Fühlen Sie sich vor allem vormittags schläfrig, auch wenn Sie ausreichend geschlafen haben?			
93. Neigen Sie zu warzenähnlichen Hautknötchen?			
94. Bringt Musik Sie zum Weinen?			
95. Verschlimmern sich im allgemeinen Ihre Beschwerden gegen Morgen, besonders bei geistiger Arbeit?			
96. Kommen Schmerzen in heftigen Anfällen?			
97. Neigen Sie zu Durchfällen, vor allem morgens?			
98. Neigen Sie zu Gallenbeschwerden (z. B. Schmerzen etwa eine Stunde nach dem Essen im rechten Oberbauch, Druck im Oberbauch)?			
99. Leiden Sie zu Völlegefühlen, die sich vor allem im Liegen verschlimmern?			
100. Neigen Sie zu stark riechendem Kopf- oder Fußschweiß?			
Anzahl der Kreuze			

Fragen zu *Silicea*	Trifft nicht zu Ø	Trifft manchmal zu +	Trifft zu + +
101. Fühlen Sie sich ängstlich, schreckhaft oder unruhig?			
102. Versprechen Sie sich leicht?			
103. Leiden Sie unter Ohrgeräuschen (Tinnitus)?			
104. Verschlucken Sie sich öfter, (kommt Ihnen etwas leicht »in die falsche Kehle«)?			
105. Verspüren Sie Widerwillen gegen warme gekochte Speisen, vor allem Fleisch?			
106. Muß der Stuhlgang unter großer Anstrengung herausgepreßt werden, gleitet zum Teil sogar wieder zurück?			
107. Leiden Sie unter juckenden Fußsohlen?			
108. Leiden Sie häufig unter kalten Händen und Füßen?			
109. Neigen Sie zu unerklärlichen Schwächeerscheinungen?			
110. Neigen Sie zu Haarausfall oder brüchigen Nägeln?			
Anzahl der Kreuze			

Fragen zu *Calcium sulfuricum*	Trifft nicht zu Ø	Trifft manchmal zu +	Trifft zu + +
111. Neigen Sie zu eitrigen Pickeln, Furunkeln oder Abszessen?			
112. Leiden Sie unter Flechten mit dikkem weißgelben Sekret?			
113. Leiden Sie unter Hüsteln mit lockerem Schleim am Kehlkopf?			
114. Leiden Sie unter chronischem Schnupfen mit Beteiligung der Kieferhöhlen?			
115. Leiden Sie unter allgemeiner Schlaflosigkeit?			
116. Leiden Sie unter immer wieder auftretendem Zahnfleischbluten oder Nasenbluten?			
117. Leiden Sie unter chronischem Durchfall?			
118. Leiden Sie unter schmerzhaften Geschwüren vor allem am Zungenrand?			
119. Verstärken sich die Beschwerden bei Arbeiten am oder im Wasser?			
120. Leiden Sie unter brennenden Fußsohlen?			
Anzahl der Kreuze			

Die Auswertung der Fragebögen

Um auf eine Dosis zu kommen, die zum jeweils aktuellen Zeitpunkt für Sie die richtige ist, zählen Sie bitte pro Funktionsmittel die Anzahl der mit »Trifft manchmal zu« (mittlere Spalte) und »Trifft zu« (rechte Spalte) beantworteten Fragen. Die Summe in der rechten Spalte, wird verdoppelt und zu der Summe der mittleren Spalte hinzugezählt.
Das Ergebnis steht für Ihre Tagesdosis an Pastillen des entsprechenden biochemischen Mittels.
Salze, bei denen nur ein geringer Mangel vorliegt (die zu ergänzende Tagesdosis ist nicht höher als 4 Pastillen), können als Kombinationspräparate eingenommen werden. Beachten Sie dazu auch die Übersicht der in den Bikomplexmitteln enthaltenen Mineralsalze auf den Seiten 132/133.

Nachwort

Dieses Buch ist nicht allein mein Werk. Mein besonderer Dank gilt meinem Kollegen Norbert Siwczyk, der mich mit der Idee zu diesem Buch überfiel, und die ich dann zunächst mit ihm gemeinsam, später alleine umsetzte. Bedanken möchte ich mich an dieser Stelle auch bei Kerstin und Frau Mayer, die unermüdlich den Fehlerteufeln auf der Spur waren und mit ihren Anmerkungen und Kritiken wertvolle Beiträge lieferten. Auch die Teilnehmer aus den Seminaren haben mir immer wieder neue Impulse gegeben, das Buch weiterzuschreiben und es zu veröffentlichen.

Seminare

Die Autorin gibt Seminare im gesamten deutschsprachigen Raum zu dem Thema »Mineralmangel selbst erkennen« bei denen die Teilnehmer Salzmangel erkennen, behandeln und bewerten lernen. Eine Übersicht über die antlitzdiagnostischen Hinweise und die Anwendungsgebiete der Mittel ist als Plakat bei der Autorin gegen Entgelt (DM 36,– zuzüglich Porto) zu erhalten. Informationen über ihre Seminarangebote finden Sie im Internet unter www.heikehaiduk.com und bei der Autorin direkt: Heike Haiduk, Sartoriusstraße 3, 45134 Essen (bitte Porto beilegen).

Bezugsquellen

Die einzelnen biochemischen Mineralsalze werden von der Deutschen Homöopathie-Union (DHU) hergestellt und sind, wie auch die Kombinationspräparate Iso-Bikomplex, in der Apotheke erhältlich. Weitere Bezugsquellen können auch bei der Autorin erfragt werden (Adresse wie zuvor genannt).

Literaturhinweise

Hermann Deters: *Handbuch der Dr. Schüsslerschen Biochemie*, Verlag Dr. Madaus & Co., Radeburg 1926

Dr. John Diamond: *Heilende Kraft der Emotionen*, VAK Verlag für angewandte Kinesiologie GmbH, 9. Auflage, Freiburg im Breisgau 1995

Christian Wilhelm Echter: *Neue Wege der Gesundheit*, Verlag Ganzheitliche Gesundheit, 1. Auflage, Bad Schönborn 1993

Hartwig Gäbler: *Wesen und Anwendung der Biochemie*, Deutsche Homöopathische Union, Karlsruhe 1991

Dr. Günther Harnisch: *Die Schüssler-Mineraltherapie, Selbstheilung und Lebenskraft*, Turm Verlag, Bietigheim 1996

Kurt Hickethier: *Lehrbuch der Biochemie*, Verlag Charlotte Depke, 10. Auflage, Kemmenau 1993

Kurt Hickethier: *Sonnerschau – Lehrbuch der Antlitzdiagnostik*, Verlag Charlotte Depke, 7. Auflage, Kemmenau 1993

Dr. H. G. Jaedicke: *Dr. Schüsslers Biochemie, eine Volksweise*, Alwin Fröhlich Verlag, 26. Auflage, Frankfurt/M. 1995

Richard Kellenberger, Friedrich Kopsche: *Mineralstoffe nach Dr. Schüssler – Tor zu körperlicher und seelischer Gesundheit*, AT Verlag, 2. Auflage, Aarau 1997

Dr. K. Kirchmann: *Biochemie-Lexikon nach Dr. Schüssler*, Kirchmann Verlag, 6. Auflage, Hamburg 1976

Monika Preuk, Dr. med. Heike Kovács, Werner Meidiger: *Entgiftung und Darmsanierung*, Südwest Verlag, München

Ulrich Rückert: *Dr. Schüsslers Hausapotheke. Gesund und leistungsfähig durch Bio-Minerale*, Bastei-Lübbe Verlag

Jochen Schleimer: *Salze des Lebens. Praxis der Biochemie nach Dr. Schüssler mit homöopathischen Ergänzungen*, Sonntag Verlag, 3. Auflage, Stuttgart 1997

Herbert Sonnek: *Dr. Schüsslers Mineralsalze. Biochemische Funktionsmittel – ihre Bestimmungs- und Anwendungsmöglichkeiten*, Eigenverlag Herbert Sonnek, 2. Auflage, Wien 1992

Norbert Trautwein: *Selbsthilfeprogramm Übersäuerung*, Südwest Verlag, München 1998